首都圏版⑦　**最新入試に対応！ 家庭学習に最適の問題集!!**

立教小学校

過去問題集

合格までのステップ

出題傾向の把握

基礎的な学習

過去問にチャレンジ!

苦手分野の克服

2017 ～ 2023 年度
過去問題を掲載

日本学習図書（ニチガク）

こんなこと…ありませんか？

「ニチガクの問題集…買ったはいいけど、、、
この問題の教え方がわからない（汗）」

メールでお悩み解決します!

- ☆ ホームページ内の専用フォームで必要事項を入力!
- ☆ 教え方に困っているニチガクの問題を教えてください!
- ☆ 確認終了後、具体的な指導方法をメールでご返信!
- ☆ 全国どこでも! スマホでも! ぜひご活用ください!

<質問回答例>

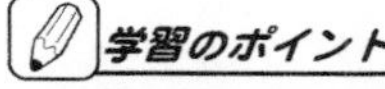
学習のポイント

推理分野の学習では、後の学習に活きる思考力を養うことができます。ご家庭で指導する場合にも、テクニックにたよらず、保護者の方が先に基本的な考え方を理解した上で、お子さまによく考えさせることを大切にして指導してください。

Q.「お子さまによく考えさせることを大切にして指導してください」と学習のポイントにありますが、考える習慣をつけさせるためには、具体的にどのようにしたらいいですか？

A. お子さまが考える時間を持てるように、質問の仕方と、タイミングに工夫をしてみてください。
たとえば、「答えはあっているけど、どうやってその答えを見つけたの」「答えは○○なんだけど、どうしてだと思う？」という感じです。はじめのうちは、「必ず 30 秒考えてから手を動かす」などのルールを決める方法もおすすめです。

まずは、ホームページへアクセスしてください!!

http://www.nichigaku.jp　日本学習図書　検索

家庭学習ガイド
立教小学校

個別テスト

口頭試問

行動観察

運　動

保護者面接

入試情報

募集人数：男子 120 名
応募者数：男子 471 名
出題形態：ノンペーパー
面　　接：保護者（両親）
出題領域：記憶・推理（口頭試問・個別テスト形式）、行動観察、運動

入試対策

2023 年度の入試は、例年の試験内容と比べて大きな変化はなく、絵本の読み聞かせ、ＤＶＤによる「お話の記憶」、「推理」分野の口頭試問・個別テスト、集団での「運動テスト」「行動観察」が実施されました。当校のような試験形態では、問題を解ければよいというものではなく、「話し方」「態度」なども判断の基準となります。絵本の読み聞かせや、当校の出題形式に合わせた学習を行うだけでなく、コミュニケーション能力を高めるために、初対面の人との関わりを多く持つ生活を送るよう心がけてください。お子さまの自主的な判断と行動を引き出し、試験本番で力を出せるように指導していくことが大切です。

●朗読や映像を使用した「お話の記憶」は、グループで聞き、口頭試問・個別テストで質問を受けるという形式で実施されます。日頃から絵本に触れる機会を持ち、知的好奇心や想像力が自然と育まれるような環境を作ることが大切です。

●口頭試問も例年通り実施されました。碁石などを使用して解答する形式も例年通りでした。内容はそれほど難しいものではありませんが、こうした「道具」を使った方が実践的な対策になります。

●集団での行動観察や運動では、身体能力とともに協調性や積極性といった部分も観られています。近所の方へのあいさつや、社会のルールを守ること、集団の中で遊ばせることなどを意識してください。

●保護者面接では、学歴や現在の仕事、男子校について（主に父親）、趣味や子育てについて（主に母親）などの質問がありました。

「立教小学校」について

〈合格のためのアドバイス〉

2023年度の当校の志願者数は471名と、この状況でも増加し、当校の根強い人気を表しています。倍率も相変わらず約4倍の高倍率を維持しており、それなりの準備を必要とする学校と言えるでしょう。

当校の入試の特徴は、口頭試問・個別テスト形式で実施されていることが挙げられます。このような出題方法の場合、「口頭で答える」「物を置く」「行動で示す」など、解答結果以外にも、そこに至るまでの過程や、問題に対する理解度までもが観られることになります。このような試験の場合、問題を解くための学習はもちろんのこと、出題者に対してきちんとした受け答えをすることも大切です。このような「聞く力」「言葉で伝える力」「待つ時の態度・姿勢」の伸長は、保護者の方が、ふだんのお子さまを客観的に見つめ、どこを伸ばし、どのように指導していくべきかをしっかりと認識する必要があります。目指す到達点を具体的にイメージするとともに、基礎をおろそかにせず、1つひとつ確実におさえるようにしてください。その際、お子さまが失敗しても、頭ごなしに否定してはいけません。「こうしなさい」など指示語を多用した一方通行の指導を行っていると、口頭試問形式で特に必要な柔軟性、判断力が身に付きません。まずは、お子さまの答えを受け止め、「どのようにしたらよかったのか」と言葉かけをすることで、「次はこうしてみよう」という能動的かつ積極的な学習を行うことができます。

絵本の読み聞かせは、当校が力を入れている国語教育の1つです。毎年のように絵本を使用した問題は出題されています。ですから絵本の読み聞かせ対策は欠くことはできません。また、絵本だけでなくＤＶＤを使った読み聞かせも出題されます。さまざまなメディアを使って読み聞かせを行い、試験の雰囲気を味わっておきましょう。

試験自体は、決して難易度の高い問題ではありません。試験の担当者もお子さまのふだんの姿を観るために、リラックスした雰囲気作りをしています。しかしその分、緊張感や集中力を欠いてしまうリスクもあることから、年齢相応の分別をわきまえて行動をすることが重要です。このようなことは、家庭教育の成果が大きく左右します。

〈2023年度選考〉

〈面接日〉
- ◆アンケート（面接直前に提出）
- ◆保護者面接（考査日前に実施）

〈考査日〉
- ◆行動観察・運動
- ◆記憶・推理
（口頭試問・個別テスト形式）

◇絵本を使った出題が毎年あり、説明会でも校長先生が、読み聞かせを奨励するお話をされています。

◇過去の応募状況

2023年度 男子471名
2022年度 男子519名
2021年度 男子510名

入試のチェックポイント

◇生まれ月の考慮…「あり」

立教小学校

過去問題集

〈はじめに〉

現在、少子化が叫ばれているにもかかわらず、私立・国立小学校の入学試験には一定の応募者があります。入試は、ただやみくもに学習するだけでは成果を得ることはできません。志望校の過去における出題傾向を研究・把握した上で、練習を進めていくこと、その上で試験までに志願者の不得意分野を克服していくことが必須条件です。そこで、本問題集は小学校を受験される方々に、志望校の出題傾向をより詳しく知って頂くために、過去に遡り出題頻度の高い問題を結集いたしました。最新のデータを含む精選された過去問題集で実力をお付けください。

また、志望校の選択には弊社発行の「**2024年度版　首都圏・東日本　国立・私立小学校　進学のてびき**」をぜひ参考になさってください。

〈本書ご使用方法〉

◆出題者は出題前に一度問題を通読し、出題内容などを把握した上で、〈 **準　備** 〉の欄に表記してあるものを用意してから始めてください。

◆お子さまに絵の頁を渡し、出題者が問題文を読む形式で出題してください。問題を読んだ後で、絵の頁を渡す問題もありますのでご注意ください。

◆**「分野」**は、問題の分野を表しています。弊社の問題集の分野に対応していますので、復習の際の目安にお役立てください。

◆一部の描画や工作、常識等の問題については、解答が省略されているものがあります。お子さまの答えが成り立つか、出題者が各自でご判断ください。

◆〈 **時　間** 〉につきましては、目安とお考えください。

◆**［〇年度］**は、問題の出題年度です。**［2023年度］**は、「2022年の秋から冬にかけて行われた2023年度志願者向けの考査の問題」という意味です。

◆**学習のポイント**は、指導の際にご参考にしてください。

◆**【おすすめ問題集】**は各問題の基礎力養成や実力アップにご使用ください。

〈本書ご使用にあたっての注意点〉

◆文中に**この問題の絵は縦に使用してください。**と記載してある問題の絵は縦にしてお使いください。

◆〈 **準　備** 〉の欄で、クレヨンと表記してある場合は12色程度のものを、画用紙と表記してある場合は白い画用紙をご用意ください。

◆文中に**この問題の絵はありません。**と記載してある問題には絵の頁がありませんので、ご注意ください。なお、問題の絵の右上にある番号が連番でなくても、中央下の頁番号が連番の場合は落丁ではありません。

下記一覧表の●が付いている問題は絵がありません。

問題1	問題2	問題3	問題4	問題5	問題6	問題7	問題8	問題9	問題10
	●				●	●		●	
問題11	問題12	問題13	問題14	問題15	問題16	問題17	問題18	問題19	問題20
			●	●					
問題21	問題22	問題23	問題24	問題25	問題26	問題27	問題28	問題29	問題30
●	●			●				●	●
問題31	問題32	問題33	問題34	問題35	問題36	問題37	問題38	問題39	問題40
		●				●			

先輩ママたちの声！

◆実際に受験をされた方からのアドバイスです。
ぜひ参考にしてください。

立教小学校

・説明会や参加可能な行事には積極的に参加した方がよいと思います。説明会後にアンケートがあり、その内容が面接で尋ねられることもあったそうです。

・受付後、ゼッケンの着用やお手洗いなど、身支度に時間がかかるので、余裕を持って到着した方がよいです。

・考査は長丁場で、受験者の人数も多いため、ふざけている子も多かったようです。

・保護者面接は父親と母親の両方に行われます。普段の会話を大切にし、意思を統一しておくことが重要だと感じました。また、待ち時間が長いご家庭もあったようです。

・当日ティッシュペーパーとハンカチを必ずポケットに入れるように指示がありました。ぜひご持参してください。

◎学習効果を上げるため、前掲の「家庭学習ガイド」及び「合格のためのアドバイス」をお読みになり、各校が実施する入試の出題傾向を、良く把握した上で問題に取り組んでください。
※冒頭の「本書ご使用方法」「ご使用にあたっての注意点」も併せてご覧ください。

ご注意

立教小学校の入試では、市販の絵本や、お話が収録されたＤＶＤを上映する形式で、お話の記憶の問題が出題されています。ご家庭で本書を使用する際は、同様のものをご準備していただくと、より実践的な試験対策となります。巻末に絵本・ＤＶＤの一覧リストがありますので、ご活用ください。また、解答時には筆記用具を用いず、口頭あるいは、「サイコロ」「碁石」などを使って解答します。こちらは、そのものでなく代用品でもかまいませんが、道具を使って答えるという形式は守ってください。

2023年度の最新問題

問題１　分野：個別テスト／記憶（お話の記憶）

〈準備〉　絵本『ともだちからともだちへ』（８頁を参照）、碁石

〈問題〉　これからお話をするのでよく聞いてください。
（『ともだちからともだちへ』の絵本をプロジェクターを使って読み聞かせる。絵本を読み終えた後、別の部屋に移動し、質問を行う。あらかじめ、問題１－１の絵を指定の色に塗っておく）

（問題１－１の絵を渡す）
①クマネズミは手紙を貰ったときどんな気持ちだったと思いますか。イライラした気持ちだと思ったら赤、嬉しい気持ちだと思ったら黄、悲しい気持ちだと思ったら青の○に碁石を置きましょう。
②「パジャまんま」とはどういうことですか。起きてすぐに歯を磨くことだと思ったら赤、着替えをして顔も洗い、支度をきちんと終えてお出かけすることだと思ったら黄、何もせず、ずっとパジャマのままでいることだと思ったら青の○に碁石を置きましょう。
③コウモリはなぜ「パジャまんま」でクマネズミに「帰ってくれよ！」と言ったのでしょうか。お話してください。
④あなたは誰かからしてもらったことで、嬉しかったことはありますか。それはどんなことですか。お話してください。

〈参考〉　『ともだちからともだちへ』のあらすじ
ため息ばかりのクマネズミに、ある日、差出人の書かれていない手紙が届きます。手紙には「きみはすてきなともだちです。きみとともだちになれてほんとうによかったとおもっています。…」ということが書かれていました。差出人を探しに、クマネズミはいろいろな友だちに会いに行きます。

〈時間〉　各10秒

〈解答〉　①黄　②青　③④省略

学習のポイント

当校の個別テスト（記憶）では、まず、受験者全員でお話を聞きます。絵本の絵はスクリーンに映され、先生がお話の内容をその映像を見ながら口頭で読み上げます。解答は別室に移動し、碁石や色が塗られてあるサイコロを使って行います。例年この形式なので、慣れておきましょう。問題自体はお話の内容を含め、それほど難易度は高くありませんから、集中してお話を記憶できれば解答はしやすいです。解答方法については、しっかりと質問を聞くことを意識しましょう。解答がわかっていても、碁石をどの色のところに置けばよいのかがわからず、間違えてしまうともったいないです。態度については、解答時だけでなく、教室の移動時も観られていることを忘れないでください。騒いだり、走ったりせず、常に落ち着いた振る舞いができるようにしておきましょう。

【おすすめ問題集】
1話5分の読み聞かせお話集①・②、お話の記憶 初級編・中級編・上級編、
苦手克服問題集 記憶、Ｊｒ・ウォッチャー19「お話の記憶」

問題2　分野：個別テスト／記憶（お話の記憶）

〈準備〉　ＤＶＤ『どろんこハリー』（ｐ．８頁を参照）、サイコロ（それぞれの面を赤・青・黄の３色で塗り分けたものを用意する）

〈問題〉　**この問題の絵はありません。**
これからお話をするのでよく聞いてください。
（『どろんこハリー』のＤＶＤを鑑賞する。鑑賞後、サイコロを使って解答する）

①ハリーはどんなイヌでしたか。黒いぶちのある白いイヌだと思ったら赤、白いイヌだと思ったら青、黒いイヌだと思ったら黄の面を上にしてサイコロを置きましょう。
②ハリーは何が嫌いでしたか。お風呂だと思ったら赤、遊ぶことだと思ったら青、ダンスだと思ったら黄の面を上にしてサイコロを置きましょう。
③ハリーはブラシをどこに隠しましたか。屋根の上だと思ったら赤、お風呂の中だと思ったら青、庭に埋めたと思ったら黄の面を上にしてサイコロを置きましょう。
④ハリーは何をして遊びましたか。ジャングルジムだと思ったら赤、すべり台だと思ったら青、ブランコだと思ったら黄の面を上にしてサイコロを置きましょう。
⑤ハリーはお話の最後にどこで寝ていましたか。机の上だと思ったら赤、布団だと思ったら青、ベットだと思ったら黄の面を上にしてサイコロを置きましょう。

〈参考〉　『どろんこハリー』のあらすじ
黒ぶち模様の白い犬、ハリーはお風呂に入ることが大嫌いでした。ある日、お風呂に入れられそうになったハリーは家から逃げ出します。逃げるうちに、泥やススで汚れ、気づけば白ぶち模様の黒い犬になっていました。お腹も空いて、クタクタになったハリーは家に帰りますが、見た目がすっかり違うハリーに家族は気づいてくれません。困ったハリーはいろいろな方法で「ぼくがハリーなんだよ」とアピールします。

〈時間〉　各10秒

〈解答〉　①赤　②赤　③黄　④青　⑤青

学習のポイント

全員でＤＶＤを鑑賞した後、別室に移動し、解答します。アニメーションなので、楽しく鑑賞してしまいますが、登場人物の特徴や、出来事を記憶しましょう。記憶分野の問題を解くには、記憶力は勿論、語彙力、集中力、理解力、想像力の力が必要になります。記憶分野の問題を解く方法に、お話全体をイメージ化し、後から振り返る方法があります。保護者の方は、このイメージする状況をお子さまに作ってあげるとよいでしょう。例えば、お話を読む前に「今日の朝ご飯は何を食べた？」「朝ご飯を食べた後は何をした？」など、お子さまがしたことを質問します。質問されたお子さまは、朝したことを頭の中で思い出しながら答えます。この質問をした後、「今からお話を読むから、今と同じように頭の中にお話を思い描いてみて」と声をかけてからお話を読み始めます。「今と同じように」と言われることで、お子さまは、朝ご飯を思い浮かべたときと同じように頭の中で思い出しながらお話をイメージ化しようとします。この学習は効果が上がりますので、お試しください。

【おすすめ問題集】

新 口頭試問・個別テスト問題集、１話５分の読み聞かせお話集①・②、
お話の記憶 初級編・中級編・上級編、Ｊｒ・ウォッチャー19「お話の記憶」

問題３　分野：個別テスト／推理

〈準備〉　表裏色の異なる（赤黒、青黒、黄黒、赤青、赤黄、黄青）おはじき各１枚ずつ
※あらかじめ、問題３－１～３－５のおはじきを指定された色に塗っておく。

〈問題〉　（問題３－１を参考に、黒色を上にした３枚のおはじきを問題３－２のマス目に並べ、解答用紙として使用する。問題３－３、３－４、３－５は問題用紙として使用する）
①②③マス目に置いてある３枚のおはじきを使って、お手本と同じようにおはじきを並べましょう。
④⑤⑥⑦⑧⑨⑩用意された６枚のおはじきを使って、お手本と同じようにおはじきを並べましょう。

〈時間〉　各10秒

〈解答〉　省略

学習のポイント

お手本と同じ配置・配色でおはじきを置く作業です。問題数が多く、難易度は徐々に高くなっていきますが、焦らず丁寧に取り組むようにしましょう。おはじきの数が４、５、６枚と増えるごとに、おはじきの裏表の色を考えながら配置していく必要があります。例えば、⑩では黄色のおはじきが２枚、黒のおはじきが３枚、赤のおはじきが１枚必要です。黒のおはじきは３枚しかありませんから、黄黒のおはじきを黄を表にして使うことはできません。枚数が増えるほど、色の数を考慮し、配置する必要があるため難しく感じるかもしれませんが、試験では道具を使って解答ができます。悩んだときは、おはじきをひっくり返して色を確かめながら、試行錯誤し正解を導きましょう。

【おすすめ問題集】

口頭試問最強マニュアル ペーパーレス編、Ｊｒ・ウォッチャー31「推理思考」

問題4　分野：個別テスト／推理（位置の移動）

〈準備〉　碁石

〈問題〉　（問題4－1の絵を渡し、解答用紙として使用する）
これからじゃんけんすごろくをします。じゃんけんすごろくのお約束は5つあります。
・碁石を真ん中の★の上に置いてから、ゲームを始めます。
・碁石はじゃんけんで勝った生き物のいる方向に進みます。
・グーで勝ったら1つ、チョキで勝ったら2つ、パーで勝ったら3つマス目を進みます。
・勝った生き物が2、3匹いるときは、それぞれの生き物の方向に続けて順番に動かします。
・解答が終わって、次の問題にいくときは、碁石を真ん中の★の上に置いてから、再びゲームを始めます。

①カエルとネズミがじゃんけんをし、ネズミがパーで勝ちました。碁石を正しい位置に置いてください。
②コウモリとモグラがじゃんけんをし、モグラがグーで勝ちました。碁石を正しい位置に置いてください。
③コウモリとネズミとモグラがじゃんけんをし、コウモリとネズミがパーで勝ちました。碁石を正しい位置に置いてください。
④全員でじゃんけんをし、コウモリとカエルとモグラがチョキで勝ちました。碁石を正しい位置に置いてください。

（問題4－2を渡す）
⑤モグラとコウモリがじゃんけんをして、モグラがチョキで勝ちました。その後、また2匹でじゃんけんをしてコウモリが勝ったので、碁石は☆の位置に置きました。コウモリはじゃんけんで何を出しましたか。出したと思う手を、自分の手で作って見せてください。

⑥全員でじゃんけんをして、ネズミがパーで勝ちました。その後、また全員でじゃんけんをしてコウモリとカエルが勝ったので、碁石は☆の位置に置きました。コウモリとカエルはじゃんけんで何を出しましたか。出したと思う手を、自分の手で作って見せてください。

〈時間〉　各10秒

〈解答〉　①②③④下図参照　⑤パー　⑥チョキ

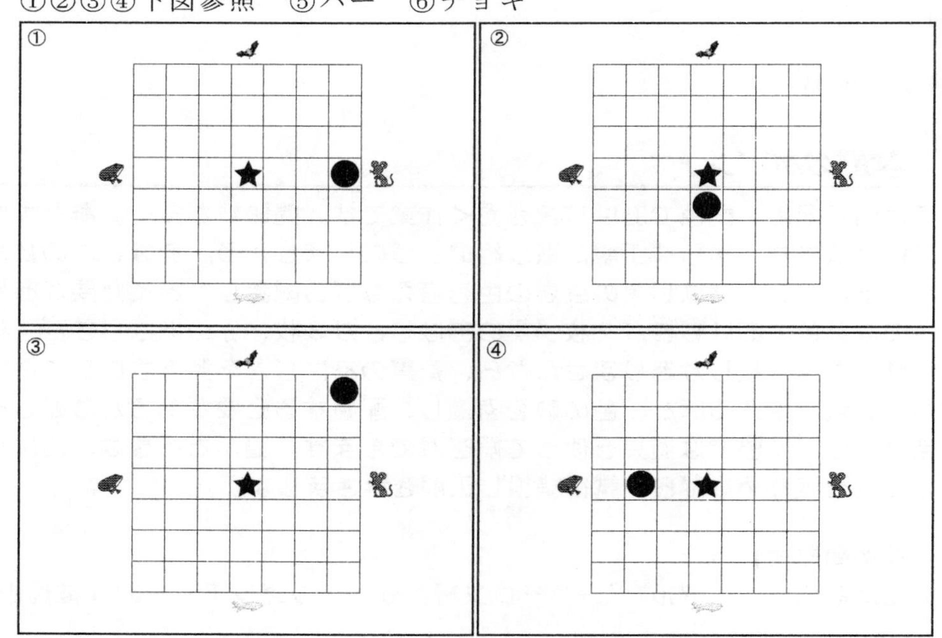

学習のポイント

①～④では、お約束に従って碁石を移動させます。⑤⑥では反対に、碁石の位置からじゃんけんの手を推理します。まず、説明は口頭でされるので、集中して聞き、落ち着いて考えるようにしましょう。口頭試問の際、大抵のお子さまは緊張してどちらかが疎かになります。面接などでもわかるように、「聞く→考える」という切り替えは、相手が目の前にいるとなかなかスムーズにいかないのではないでしょうか。こればかりは慣れるしかありませんので、当校の入試問題や他校の口頭試問の問題を「出題された形式」で解答していきましょう。また、口頭試問では、「相手に伝える」ということをペーパーテストよりも意識しなければなりません。①～④では碁石の位置が解答になりますが、⑤⑥では受験者の手の形が解答になります。解答するときは、手を高く挙げ、出題者の目を見て、解答の意思をわかりやすく表現するようにしましょう。

【おすすめ問題集】
口頭試問最強マニュアル ペーパーレス編、Ｊｒ・ウォッチャー31「推理思考」、47「座標の移動」

問題5　分野：運動

〈準備〉　三角コーン（赤、青、黄、緑をそれぞれ４個用意）、ビニールテープ（白、黒）

〈問題〉　**この問題は絵を参考にしてください。**
（この問題は受験者約60名が体育館に集合し行う）
これからかけっこをします。コーンの間からスタートして、向こう側にある、同じ色のコーンの間まで走ってください。走るときは、４人ずつ走ります。待っている間は、白いテープのところで体育座りをして待っていてください。走り終えたら、黒いテープが貼られているところで体育座りをして待っていてください。

〈時間〉　適宜

〈解答〉　省略

学習のポイント

当校の運動の課題では、例年かけっこが実施されます。コロナ禍の入試では、集団テストの人数を制限して実施していたようですが、2023年度入試では約60名の受験者が体育館に集まって実施されました。大勢だと気が緩んで、ついお喋りや指示以外の行動をとらないように注意しましょう。受験者が多くとも、１人ひとりの行動は観察されていますから、周囲は気にせず、課題に集中することが重要です。また、課題に取り組む時間以外に、待ち時間も観られていることを意識しておきましょう。待っている時間の態度・姿勢も評価の対象です。自分の番が終わると、緊張感や集中力が切れ、私語やおふざけをするかもしれません。そのようなことがないよう、待ち時間の過ごし方についても、ご家庭で確認しておきましょう。

【おすすめ問題集】
新 運動テスト問題集、Ｊｒ・ウォッチャー28「運動」、29「行動観察」

問題6　分野：行動観察

〈準備〉　『線路は続くよどこまでも』『アイアイ』を録音したＣＤ、再生機器

〈問題〉　**この問題の絵はありません。**
（この問題は受験者約60名が体育館に集合し行う）
①『線路は続くよどこまでも』の音楽に合わせてダンスをします。１回目は先生のするダンスを真似して踊ります。２回目は自分の好きなように踊ります。
②床に座ったままで、音楽に合わせて『アイアイ』を歌います。

〈時間〉　適宜

〈解答〉　省略

学習のポイント

例年出題されている、ダンスと歌を歌う課題です。ダンスや歌の上手さではなく、指示を聞き、理解できているか、意欲的に取り組んでいるかなどが観られています。ダンスは、１回目は模倣、２回目は自由に踊る指示があります。２回目の自由ダンスのときは、お子さまの性格によっては、踊ることに躊躇したり、浮かれた態度をとってしまうかもしれません。動きが小さいと、「指示が聞けていない」「意欲的に取り組めていない」などの評価に繋がる可能性があり、走り回ったり、大声を出していると、「他のお友だちに配慮ができていない」「落ち着きがない」などと判断される可能性があります。評価を過剰に気にしすぎると、かえって動きがぎこちなくなってしまうものですから、過度に緊張をすることなく、落ち着いて楽しめればそれでよい課題です。

【おすすめ問題集】
口頭試問最強マニュアル ペーパーレス編、Ｊｒ・ウォッチャー29「行動観察」

問題7　分野：面接（保護者のみ）

〈準備〉　なし

〈問題〉　**この問題の絵はありません。**

【アンケート】
・自宅から学校までの所要時間。
・立教小学校のどのようなところに魅力を感じたのか。
・育児で気をつけていること。
・お子さまのことで、学校側に留意してもらいたいこと。

【父親へ】
・当校を志望した理由をお聞かせください。
・ご出身はどちらですか。
・どのようなお仕事をされていますか。
・本校を選んだ理由をお聞かせください。
・お子さまの名前の由来を教えてください。
・お子さまの性格を教えてください。
・教育で大切にしていることは何ですか。
・お子さまのどのようなところを観て欲しいですか。
・学校に伝えたいことはありますか。

【母親へ】
・どのような受験準備をされてきましたか。（幼児教室に通っていれば、場所や、お子さまの様子などが質問される）
・男子校ということに抵抗はありませんでしたか。
・ご自宅の近くに他の小学校もありますが、なぜ本校を志望されたのでしょうか。
・学校説明会に参加した感想をお聞かせください。
・お子さまは本校に合っていると思いますか。
・入学後1ヶ月の送り迎えは可能ですか。
・急なお迎えには対応できますか。
・学校に伝えたいことはありますか。

〈時間〉　約15分

〈解答〉　省略

学習のポイント

アンケートは、Web出願後に印刷・記入し、当日持参します。（2022年度の面接も同様の手順でした）例年、アンケートの内容に大きな変化は見られません。面接時に、記入内容について尋ねられることもありますから、答える準備はしておきましょう。面接は考査日より前の10月中旬頃に実施されます。面接官は校長先生・担当教員の組と、教頭先生・事務局長の組があり、受験番号によって振り分けがされるそうです。面接の質問は、父親と母親が交互に尋ねられます。例年、面接の最後に「何か仰りたいことはありますか」という質問がなされています。学校側は、保護者の方と協力してお子さまの成長をサポートしていきたいと考えていますから、学校や教育、お子さまに対する真摯な思いを伝えられるとよいでしょう。

【おすすめ問題集】
新・小学校面接Ｑ＆Ａ、保護者のための面接最強マニュアル、新 小学校受験文例集500

絵本・ＤＶＤ一覧

問題１：『ともだちからともだちへ』
・・・・・・・・・・・・・ 著：アンソニー・フランス　訳：木坂 涼／理論社

問題２：ＤＶＤ『どろんこハリー』
・・・・・・・・・・ 著：ジーン・ジオン　訳：わたなべ しげお／福音館書店

問題８：『月へミルクをとりにいったねこ』
・・ 著：アルフレッド・スメードベルイ　訳：ひしき あきらこ／福音館書店

問題９：ＤＶＤ『ごきげんなライオン』
・・・・・・ 著：ルイーズ・ファティオ　訳：むらおか はなこ／福音館書店

問題16：『ベットのしたになにがいる？』
・ 著：ジェームズ・スティーブンソン　訳：つばきはら ななこ／福音館書店

問題17：『からすのカラッポ』
・・・・・・・・・・・・・・・・・・・・・ 著：舟崎 克彦／チャイルド本社

問題23：『シロクマくつや』
・・・・・・・・・・・・・・・・・・・・・・・ 著：おおで ゆかこ／偕成社

問題24：『シロクマくつや　ちいさなちいさなうわぐつ』
・・・・・・・・・・・・・・・・・・・・・・・ 著：おおで ゆかこ／偕成社

問題25：ＤＶＤ『つみきのいえ』
・・・・・・・・・・・・・・・・・・・・・・・・・ 著：平田 研也／白泉社

問題31：『もりいちばんのおともだち』
・・・・・・・・・・・・・・・・・・・・・ 著：ふくざわ ゆみこ／福音館書店

問題32：『あめのもりのおくりもの』
・・・・・・・・・・・・・・・・・・・・・ 著：ふくざわ ゆみこ／福音館書店

問題33：ＤＶＤ『ハロルドのふしぎなぼうけん』
・・・・・・・ 著：クロケット・ジョンソン　訳：岸田 衿子／文化出版局

問題36：『ロバのシルベスターとまほうの小石』
・・・・・・・ 著：ウィリアム・スタイグ　訳：せた ていじ／福音館書店

問題37：『ジョーイのぼうけん』
・・・・・・・・・・・ 著：ジャック・ケント　訳：石沢 泰子／ペンタン

問題40：『ガリバーのぼうけん』
・・・・・・・・・・・・・・・ 著：井上 ひさし　訳：石沢 泰子／ペンタン

◎学習効果を上げるため、前掲の「家庭学習ガイド」及び「合格のためのアドバイス」をお読みになり、各校が実施する入試の出題傾向を、良く把握した上で問題に取り組んでください。
※冒頭の「本書ご使用方法」「ご使用にあたっての注意点」も併せてご覧ください。

ご注意

立教小学校の入試では、市販の絵本や、お話が収録されたＤＶＤを上映する形式で、お話の記憶の問題が出題されています。ご家庭で本書を使用する際は、同様のものをご準備していただくと、より実践的な試験対策となります。巻末に絵本・ＤＶＤの一覧リストがありますので、ご活用ください。また、解答時には筆記用具を用いず、口頭あるいは、「サイコロ」「碁石」などを使って解答します。こちらは、そのものでなく代用品でもかまいませんが、道具を使って答えるという形式は守ってください。

2022年度以前の問題

問題８　分野：個別テスト／記憶（お話の記憶）

〈準備〉　絵本『月へミルクをとりにいったねこ』（８頁を参照）、碁石
※この問題は問題１－１の絵を使用してください。

〈問題〉　これからお話をするのでよく聞いてください。
（『月へミルクをとりにいったねこ』の絵本を読み聞かせる。絵本を読み終えた後、別の部屋に移動し、質問を行う）

（問題１－１の絵を渡す）
①困った母さんネコはどこに登って考えましたか。柵だと思ったら赤、木だと思ったら黄、犬小屋だと思ったら青の○に碁石を置きましょう。
②母さんネコに月までの道のりを教えてくれたのはどの生き物でしたか。オンドリだと思ったら赤、子ウシだと思ったら黄、ブタだと思ったら青の○に碁石を置きましょう。
③母さんネコが言っていた、欲しい物を手に入れるために大事なことはどんなことですか。休まないことだと思ったら赤、辛抱強くすることだと思ったら黄、途中で疲れないことだと思ったら青の○に碁石を置きましょう。
④母さんネコが言っていた「辛抱」とは何ですか。イライラしないことだと思ったら赤、逃げないことだと思ったら黄、泣かないことだと思ったら青の○に碁石を置きましょう。
⑤母さんネコが４匹のネコたちに飲ませた物は何ですか。水だと思ったら赤、オレンジジュースだと思ったら黄、ミルクだと思ったら青の○に碁石を置きましょう。
⑥イヌはミルクがどこにあると言っていましたか。星だと思ったら赤、月だと思ったら黄、太陽だと思ったら青の○に碁石を置きましょう。
⑦牛小屋に飛び込んだ後、中に入ったお母さんネコが「ほらね、やっぱり私の言った通り辛抱した者が勝ちよ」と言ったのはどうしてですか。ミルクがあったからだと思ったら赤、何もなかったからだと思ったら黄、小屋の中に誰もいなかったからだと思ったら青の○に碁石を置きましょう。
⑧自分がお母さんネコだったら、どんなことをしたいですか。お話してください。
⑨自分がお母さんネコだったら、月にどんなことを言いますか。お話してください。
⑩自分が月だったら、お母さんネコにどんなことを言いますか。お話してください。
⑪あなたが１番大事にしていることは何ですか。お話してください。

〈参 考〉　『月へミルクをとりにいったねこ』のあらすじ
月にミルクがあると聞いたお母さんネコが、子ネコのために月を追いかけます。途中で出会ったオンドリ、ブタ、子ウシも一緒に月を追いかけますが、高い空に浮かぶ月にはなかなか辿り着けません。

〈時 間〉　各10秒

〈解 答〉　①青　②赤　③黄　④赤　⑤青　⑥黄　⑦赤　⑧⑨⑩⑪省略

［2022年度出題］

学習のポイント

実際の試験形式は、扱われている絵本の絵をスクリーンに映し、先生が話の内容をその映像を見ながら口頭で読み上げます。解答するときに、別室へ移動し、そこで出された用紙に碁石や色が塗られてあるサイコロを置いて解答します。当校では例年この形式で出題されています。解答方法がただ○をつけるのではないということから、しっかりと先生の指示を聞けているかということを観ています。せっかくお話の内容を聞き取れていたとしても、指示を間違えて答えてしまうと、元も子もありません。この形式に慣れるために日頃の学習でも、この解答方法で取り組むようにしましょう。

【おすすめ問題集】
新 口頭試問・個別テスト問題集、１話５分の読み聞かせお話集①・②、
お話の記憶 初級編・中級編・上級編、Ｊｒ・ウォッチャー19「お話の記憶」

家庭学習のコツ①　**「先輩ママのアドバイス」を読みましょう！**

本書冒頭の「先輩ママのアドバイス」には、実際に試験を経験された方の貴重なお話が掲載されています。対策学習への取り組み方だけでなく、試験場の雰囲気や会場での過ごし方、お子さまの健康管理、家庭学習の方法など、さまざまなことがらについてのアドバイスもあります。先輩ママの体験談、アドバイスに学び、ステップアップを図りましょう！

問題9　分野：個別テスト／記憶（お話の記憶）

〈準 備〉　ＤＶＤ『ごきげんなライオン』（８頁を参照）、サイコロ（それぞれの面を赤・青・黄の３色で塗り分けたものを用意する）

〈問 題〉　**この問題の絵はありません。**
これからお話をするのでよく聞いてください。
（『ごきげんなライオン』のＤＶＤを鑑賞する。鑑賞後、サイコロを使って解答する）

①ごきげんなライオンのお友だちは誰ですか。ジョニーだと思ったら赤、フランソワだと思ったら青、ゴワンソワだと思ったら黄の面を上にしてサイコロを置きましょう。
②ごきげんなライオンはどこに住んでいましたか。動物園の中の檻に囲まれた岩山のある家だと思ったら赤、富士山の近くの公園だと思ったら青、暑くて危険なアフリカの草原だと思ったら黄の面を上にしてサイコロを置きましょう。
③ごきげんなライオンは、どうして外に出ることができたのですか。柵が壊れていたからだと思ったら赤、ドアが開いていたからだと思ったら青、フランソワが連れて行ったからだと思ったら黄の面を上にしてサイコロを置きましょう。
④ごきげんなライオンを捕まえようとしてやって来た車の色は何色でしたか。その色を上にしてサイコロを置きましょう
⑤ごきげんなライオンはどうして動物園に帰ることができたのですか。赤い車に運ばれていったからだと思ったら赤、ロープの縄に捕まったからだと思ったら青、フランソワと一緒に帰ったからだと思ったら黄の面を上にしてサイコロを置きましょう。
⑥ごきげんなライオンは町で誰と出会ったときが１番幸せでしたか。デュポン先生だと思ったら赤、ハンスおばさんだと思ったら青、フランソワだと思ったら黄の面を上にしてサイコロを置きましょう。

〈参 考〉　『ごきげんなライオン』のあらすじ
フランスの動物園にごきげんなライオンが住んでいました。ある日、檻の扉が開いていることに気づいたライオンは、いつも自分に会いに来てくれる町の人に、自分から会いに行こうと思い、動物園を抜け出します。町に現れたライオンにみんなは大騒ぎになり…

〈時 間〉　各10秒

〈解 答〉　①青　②赤　③青　④赤　⑤黄　⑥黄

［2022年度出題］

学習のポイント

ＤＶＤを鑑賞した後、別室へ移動し、お話の内容について聞かれるという一連の流れをお子さまにあらかじめ教えておきましょう。問題８に引き続き、２つのお話を記憶しなければならないので、集中力を持続させる必要があります。混乱せずにしっかりと記憶するには、普段の読み聞かせの量を増やすことをおすすめいたします。お話の記憶を解く力は読み聞かせの量に比例するといわれており、また、聞く力は全ての学習の基礎となります。保護者の方は、お子さまが解答しているときの様子も観察してください。もし、お子さまが当てずっぽうで解答していると感じたときは、追加で質問をすることでわかります。「動物園には他にどんな動物がいたかな」という具合に、質問を増やし、お子さまがどこまで記憶できていたかを確かめましょう。

【おすすめ問題集】
新口頭試問・個別テスト問題集、１話５分の読み聞かせお話集①・②、
お話の記憶 初級編・中級編・上級編、Ｊｒ・ウォッチャー19「お話の記憶」

問題10　分野：個別テスト／図形

〈準備〉　※事前に問題10－1の5つのブロックの絵を切り取っておく

〈問題〉　これからブロックを使ってパズルをします。ブロックは回したり、ひっくり返したりしてもよいです。
（問題10－2、10－3、10－4の絵を渡す）
①1、2、3番のブロックを使って机を作りましょう。
②1、2番のブロックを使ってイスを作りましょう。
③2、3番のブロックを使って旗を作りましょう。
④2、3、4番のブロックを使ってお花を作りましょう。
⑤全部のブロックを使ってロボットを作りましょう。
⑥1、2、3、5番のブロックを使って剣を作りましょう。
⑦全部のブロックを使って自分の好きな形を作りましょう。

〈時間〉　各20秒

〈解答〉　省略

［2022年度出題］

学習のポイント

図形の合成は、図形の形を頭の中でイメージできるようになるまで、具体物で練習を積むようにしてください。その際、初めは保護者の方も一緒に行い、パズル感覚で、お子さま自身が楽しめるとよいでしょう。繰り返し練習することで感覚をつかめるため、ミスも減らすことができます。本問は、まず、空いている部分の形をよく観察することから初めます。次に、凹凸の部分をブロックをどのように組み合わせて作るか考えます。例えば、ブロック2とブロック4を合わせると設問④のチューリップの上半分の形になります。このように組み合わせ次第で、いろいろな形が作れることを理解しておくと、頭の中でパズルの検討が立てやすくなります。

【おすすめ問題集】
口頭試問最強マニュアル ペーパーレス編、苦手克服問題 図形、
Ｊｒ・ウォッチャー3「パズル」、9「合成」、54「図形の構成」

家庭学習のコツ②　「家庭学習ガイド」はママの味方！

問題演習を始める前に、試験の概要をまとめた「家庭学習ガイド（本書カラーページに掲載）」を読みましょう。「家庭学習ガイド」には、応募者数や試験課目の詳細のほか、学習を進める上で重要な情報が掲載されています。それらの情報で入試の傾向をつかみ、学習の方針を立ててから、対策学習を始めてください。

問題11　分野：個別テスト／数量

〈準備〉　碁石
※あらかじめ、問題11－1、11－2の絵を指定の色に塗っておく

〈問題〉　これからイヌに果物をあげます。お約束があります。
（問題11－1の絵を渡す）
・サクランボは1つで2粒あります。
・バナナは1つで3本あります。
・ブドウは1つで6粒あります。
・問題に答えるとき、碁石はイヌの上にある色の塗られた○に置きます。

（問題11－2の絵を渡す）
①イヌにサクランボを1つあげました。今、イヌのお皿にはサクランボが1粒残っています。イヌが食べたサクランボは何粒ですか。その数だけ、その果物の色の○に碁石を置きましょう。
②イヌにバナナを1つあげました。今、イヌのお皿にはバナナが1本残っています。イヌが食べたバナナは何本ですか。その数だけ、その果物の色の○に碁石を置きましょう。
③イヌにブドウを1つあげました。今、イヌのお皿にはブドウが3粒残っています。イヌが食べたブドウは何粒ですか。その数だけ、その果物の色の○に碁石を置きましょう。
④イヌにサクランボとブドウを1つずつあげました。今、イヌのお皿にはサクランボが1粒、ブドウが4粒残っています。イヌが食べたサクランボとブドウは、それぞれ何粒ですか。その数だけ、その果物の色の○に碁石を置きましょう。

（問題11－3の絵を渡す）
先ほどと同じように、イヌが食べた果物の数だけその果物の色の○に碁石を置きます。今度はお皿に「？」があります。「？」にはサクランボ、バナナ、ブドウのうちどれか1粒もしくは1本が入っています。また、「？」がいくつかあるときは、それぞれ違う果物が入ります。では、一緒に問題を解いてみましょう。左上の★お手本を見てください。イヌにサクランボと、バナナを1つずつあげました。今、イヌのお皿には絵のように果物と「？」が2つ残っています。イヌが食べた果物の色の○に碁石を置きましょう。「？」がいくつかあるときは同じ果物が入らないので、「？」にはサクランボ1粒とバナナ1本がそれぞれ入っていることになります。お皿にはバナナが1本残っていますから、残った果物の合計は、サクランボ1粒とバナナ2本です。そうすると、イヌが食べた果物はサクランボ1粒とバナナ1本ですから、赤い○に碁石を1つ、黄色い○に碁石を1つ置きます。やり方はわかりましたか。
⑤イヌにブドウを1つあげました。ブドウが2粒残り「？」が1つあります。イヌが食べた果物の数だけ、その果物の色の○に碁石を置きましょう。
⑥イヌにサクランボとバナナを1つずつあげました。サクランボが1粒とバナナが1本残り「？」が2つあります。イヌが食べた果物の数だけ、その果物の色の○に碁石を置きましょう。
⑦イヌにサクランボ、バナナ、ブドウを1つずつあげました。バナナが1本、ブドウを1粒「？」が3つあります。イヌが食べた果物の数だけ、その果物の色の○に碁石を置きましょう。

〈時間〉　各20秒

〈解答〉　①赤○に碁石1つ　②黄○に碁石2つ　③紫○に碁石3つ
④赤○に碁石1つ、紫○に碁石2つ　⑤紫○に碁石3つ
⑥黄○に碁石1つ　⑦赤○に碁石1つ、黄○に碁石1つ、紫○に碁石1つ

［2022年度出題］

学習のポイント

「サクランボ１つ＝２粒」「バナナ１つ＝３本」「ブドウ１つ＝６粒」という、それぞれの果物のお約束を理解することから始まります。イヌが食べたものや「？」に入るものを考えるだけでなく、碁石を正しい色の○に正しい数だけ置くという作業があります。解答方法が複雑なため、指示をしっかりと聞くようにしましょう。問題11-２では最初に、試験官と一緒に問題を解き、お約束を確認する過程があります。「？」のお約束が口頭で説明されますから、しっかり集中して聞き、１度で理解できるようにしましょう。保護者の方は、解答の正誤だけでなく、お子さまが問題を解いているときの様子までチェックするようにしてください。単純に数を数え間違えたことによる不正解なのか、解答手順を理解できていなかったことによる不正解なのかを見極め、前者の場合は、数量分野の問題、後者の場合は、記憶・理解分野の問題などお子さまに合った対策をしていきましょう。

【おすすめ問題集】
口頭試問最強マニュアル ペーパーレス編Ｊｒ・ウォッチャー37「選んで数える」、38「たし算・ひき算1」、39「たし算・ひき算2」、40「数を分ける」、41「数の構成」、43「数のやりとり」

問題12　分野：個別テスト／数量

〈準 備〉　木のスティック（３本）

〈問 題〉　（問題12-１を渡す）
桃太郎のお話を知っていますか。あなたは桃太郎です。仲間にきびだんごをあげます。きびだんごが入った箱が３つあります。きびだんごをイヌとサルの２匹で仲良く分けられるのはどの箱ですか。指で指しましょう。考えるときは、木のスティック２本を使って「３だんご作戦」で考えます。「３だんご作戦」とは、スティックで３個ずつきびだんごを隠して、見えているきびだんごの数で考える作戦です。見えている数が２匹で分けられる数ならば、仲良く分けられるということですね。では、やってみましょう。

※スティックが１本追加される
（問題12-２を渡す）
今度は、イヌ、サル、キジの３匹で仲良く分けられる箱を探します。先ほどと同じようにスティックを使って考えて、答えを指で指しましょう。

〈時 間〉　各30秒

〈解 答〉　問題12-１：②　問題12-２：③

［2022年度出題］

学習のポイント

数を分ける問題ですが、解き方が指定されています。木のスティックを使って「３だんご」というグループを作り、グループにならなかったきびだんごの数から、均等に分配できるかを考えます。数を数える練習も大切ですが、ある程度できるようになったら、次のステップとして、「他にもっとよい解き方がないか」を考えてみることをおすすめいたします。数量や図形分野の問題は、時間短縮や正答率アップに効果的な解き方が存在します。それらの方法を用いるときは、基礎を身につけてから、保護者の方と一緒に考え、取り組むようにしましょう。いろいろな考え方を検討することは、小学校入学後の勉強に役立ちます。

【おすすめ問題集】
口頭試問最強マニュアル ペーパーレス編、Ｊｒ・ウォッチャー37「選んで数える」、40「数を分ける」

問題13 分野：運動

〈準備〉 三角コーン（赤、青、黄、緑をそれぞれ４個用意）、ビニールテープ（白、黒）
※この問題は問題５－１の絵を使用してください。

〈問題〉 **この問題は絵を参考にしてください。**
（この問題は受験者約60名が体育館に集合し行う）
これからかけっこをしましょう。コーンの間からスタートして、向こう側にある、同じ色のコーンの間まで走っていってください。走るときは、４人ずつ走ります。待っている間は、白いテープのところで体育座りをして待っていてください。走り終えたら、黒いテープが貼られているところで体育座りをして待っていてください。

〈時間〉 適宜

〈解答〉 省略

［2022年度出題］

学習のポイント

昨年と同様の課題です。内容は単なるかけっこなのですが、ただ走ればよいというものではありません。行動を観察されているという意識を持って参加してください。指示を理解して、それに沿った行動をするということさえ守っていれば基本的に問題はありませんが、当校のような難関校であれば、それに加えて、「人の迷惑にならない」「積極的な姿勢を表現する」の２点も守りましょう。都内に２校しかない男子校ですが、いずれの入試でも運動の評価は重視されています。「元気がよい」ということが高評価につながると考えてよいでしょう。

【おすすめ問題集】
新 運動テスト問題集、Ｊｒ・ウォッチャー28「運動」、29「行動観察」

問題14　分野：行動観察

〈準 備〉　『おもちゃのチャチャチャ』を録音したＣＤ、再生機器

〈問 題〉　**この問題の絵はありません。**
『おもちゃのチャチャチャ』の音楽に合わせてダンスをします。１回目は先生のするダンスを真似して踊ります。２回目は自分の好きなように踊ります。

〈時 間〉　適宜

〈解 答〉　省略

［2022年度出題］

学習のポイント

60人程度のお友だちの前で自分で考えた踊りを披露するのは、お子さまの性格によっては、かなり勇気がいることだと思います。普段から人前で目立つことが好きなお子さまでも、試験という緊張感のある場ですから、いつも通りにはできないでしょう。緊張しないためには、お子さまに経験を通じて自信を持たせておくことです。運動会、お遊戯会など、人前で何か行う機会があれば映像や写真で記録しておきましょう。そして、その映像を見ながら「こんなに運動ができたんだから、きっと試験でもうまくできるよ」とお子さまに伝えてあげます。出来の良し悪しは関係ありません。繰り返しになりますが、当校の入試は「元気のよさ」「伸びしろ」「積極性」「マナー」が評価される入試です。

【おすすめ問題集】
口頭試問最強マニュアル ペーパーレス編、Ｊｒ・ウォッチャー29「行動観察」

家庭学習のコツ③　**効果的な学習方法～問題集を通読する**

過去問題集を始めるにあたり、いきなり問題に取り組んではいませんか？　それでは本書を有効活用しているとは言えません。まず、保護者の方が、すべてを一通り読み、当校の傾向、ポイント、問題のアドバイスを頭に入れてください。そうすることにより、保護者の方の指導力がアップします。また、日常生活のさまざまなことから、保護者の方自身が「作問」することができるようになっていきます。

問題15　分野：面接（保護者のみ）

〈準備〉　なし

〈問題〉　**この問題の絵はありません。**

【アンケート】
・自宅から学校までの所要時間。
・立教小学校に期待していること。
・育児で気をつけていること。
・お子さまのことで、学校側に留意してもらいたいこと。

【父親へ】
・当校を志望した理由をお聞かせください。
・出身地、出身校はどちらですか。
・どのようなお仕事をされていますか。
・本校を選んだ理由をお聞かせください。
・本校はキリスト教の学校ですが、宗教教育についてはどうお考えですか。
・本校は男子校ですが、その点はどのようにお考えですか。
・説明会に関して、何かご感想はありますか。
・幼児教室には通われていますか。
・(きょうだいがいる場合は)お子さまはきょうだいで喧嘩はされますか。
・奥様の子育ての様子を見て、どう感じられますか。
・学校に伝えたいことはありますか。

【母親へ】
・小学校受験に際して、どのような準備をされましたか。
・出身地、出身校はどちらですか。
・(仕事をしている場合は)どのようなお仕事をされていますか。
・旦那様の素敵なところはどこですか。
・学校に伝えたいことはありますか。

〈時間〉　約15分

〈解答〉　省略

［2022年度出題］

学習のポイント

当校の面接は志願者の試験日とは別の日程で行われます。事前にアンケート用紙を印刷し、記入して当日持参します。そのアンケートに基づいて質問がされます。特に注意すべきなのは、さらに掘り下げた質問があることでしょう。例えば、子育てで気をつけていることを答える際に、「我が家では食育ということを考えて食事を作っている」と言えば、「食育とは何ですか」といった質問をされるといった具合です。そのため、その場しのぎで答えることや、よく理解していない知識、教育論、人生論といったものを答えとして考えるより、大切なのは自分の考えを自分の言葉で答えることです。自分の言葉で伝えてこそ、その保護者の考え方、特に教育についての考え方が伝わるというものです。

【おすすめ問題集】
新・小学校面接Ｑ＆Ａ、保護者のための面接最強マニュアル、新 小学校受験文例集500

問題16　分野：個別テスト／記憶（お話の記憶）

〈準備〉　絵本『ベッドのしたになにがいる？』（８頁を参照）、碁石
※この問題は問題１－１の絵を使用してください。

〈問題〉　これからお話をするのでよく聞いてください。
（『ベッドのしたになにがいる？』の絵本を読み聞かせる。絵本を読み終えた後、別の部屋に移動し、質問を行う）

（問題１－１の絵を渡す）
①メアリーとルーイの目の色は何色でしたか。「青」と思うなら青、「黒」と思うなら黄、「緑」と思うなら赤の○に碁石を置きましょう。
②アイスクリームは何色でしたか。「青」と思うなら青、「黄色」と思うなら黄、「赤」と思うなら赤の○に碁石を置きましょう。
③メアリーとルーイがお化けと思ったものはなんでしたか。「小さないきもの」と思うなら青、「こうもり」と思うなら黄、「おじいさんとおばあさん」と思うなら赤の○に碁石を置きましょう。

〈参考〉　『ベッドのしたになにがいる？』のあらすじ
メアリーとルーイはおじいちゃんにお話を聞いた後に、ベッドへ向かいます。でもおじいちゃんのお話は「怖い話」だったのでベッドの下に何かいる気がしてなかなか寝付けません。怖くなった２人は、急いでおじいちゃんのところへ戻ります。おじいちゃんは「わしが　子どものころも、おなじようなことがあったなぁ」と、子どもの頃の怖いお話をまた始めます。しかし今度は前と同じではありません。「窓の外に幽霊がいたんだよ」と言うおじいちゃんに、２人は「まどを、しっかり　しめてなかったからよ。すきまかぜの　おとなんだわ」と言います。そして、おじいちゃんは、「そのとおり！」と答えるのです。つまり、子どもたちに「怖いものの正体」を言い当てさせて、怖い思いをさせないようにしたのです。最後に１番怖い「アイスクリーム」が冷蔵庫にあるかを確かめるために３人は台所に行き、アイスクリームを食べた後、眠りにつきます。

〈時間〉　各10秒

〈解答〉　①青　②黄　③赤

［2021年度出題］

学習のポイント

試験では絵本の絵をスクリーンに映し、先生が話の内容をその映像を見ながら口頭で読み上げます。解答は別室に移動し、碁石や色が塗られてあるサイコロを使って行います。例年この形式なので、ある程度は慣れておきましょう。少なくともこの問題集に載っている問題はすべてやっておいてください。問題自体はお話の内容を含めてそれほど難しくないものなので、落ち着いて考えれば正解はわかります。それだけに、解答の方法やコミュニケーションのとり方を間違えてしまうのはもったいないです。

【おすすめ問題集】
新口頭試問・個別テスト問題集、１話５分の読み聞かせお話集①・②、
お話の記憶 初級編・中級編・上級編、Ｊｒ・ウォッチャー19「お話の記憶」

問題17　分野：個別テスト／記憶（お話の記憶）

〈準　備〉　絵本『からすのカラッポ』（８頁を参照）、碁石
※この問題は問題１－１の絵を使用してください。

〈問　題〉　これからお話をするのでよく聞いてください。
（『からすのカラッポ』の絵本を読み聞かせる。絵本を読み終えた後、別の部屋に移動し、質問を行う）

（問題１－１の絵を渡す）
①カラッポが見つけていないものはどれですか。「ヤマブドウ」と思うなら青、「リンゴ」と思うなら黄、「トウモロコシ」と思うなら赤の○に碁石を置きましょう。
②ヤマブドウは何になりましたか。「ブドウジュース」と思うなら青、「干しブドウ」と思うなら黄、「ジャム」と思うなら赤の○に碁石を置きましょう。
③２冊読んだお話のうち、あなたはどちらが好きですか。どうしてかも話してください。

〈参　考〉　『からすのカラッポ』のあらすじ
カラスのカラッポはおなかがからっぽ。おいしい食べものを探していました。おいしそうなトウモロコシを見つけましたが、これを食べてしまっておなかいっぱいになったら、あとでもっとおいしいものを見つけた時にそれを食べられないかもしれない…と、トウモロコシをこっそり隠します。次にヤマブドウを見つけたカラッポ。やっぱりまたこっそりさっきと別の場所に隠します。ところが、隠した穴は、リスとネズミの家の前。これはラッキーとトウモロコシをパンに作り変えるリス。同じようにヤマブドウはねずみにジャムに変えられました。これを持ち寄って２匹が楽しくお食事会をしているとそこに何も知らないカラッポが通りかかります。

〈時　間〉　各10秒

〈解　答〉　①黄　②赤　③省略

［2019年度出題］

学習のポイント

読み聞かせの問題は「２つのお話が読まれる→教室を移動する→２つのお話について答える」という流れで行われます。「色は？」「数は？」といった質問もあるので、記憶力もある程度は必要になってきます。記憶力はすぐに伸びないものですから、こういった問題が得意ではないというお子さまは、次のことを試してみてください。「復唱しながらお話を聞く」です。単純ですが、復唱しながら聞くと、「だれが」「何を」といったことが頭に入ります。やがてはお話の場面を思い浮かべることができ、お話の細部まで記憶できるようになります。

【おすすめ問題集】
新 口頭試問・個別テスト問題集、１話５分の読み聞かせお話集①・②、
お話の記憶 初級編・中級編・上級編、Ｊｒ・ウォッチャー19「お話の記憶」

問題18　分野：個別テスト／推理

〈準備〉　碁石（８枚）

〈問題〉　碁石はリンゴです。これから、動物たちにリンゴを分けます。小さな動物には数を少なく、大きな動物には数が多くなるように分けます。
（問題18-１を見せる）
リンゴが10個あります。動物が４匹います。体の大きさは左から順にだんだん大きくなっていきます。ネズミよりネコが大きいので、ネズミよりもネコが多くなるようにリンゴを分けます。クマはネコより大きいので、ネコよりもクマが多くなるようにリンゴを分けます。

①（問題18-２の絵を渡す）リンゴが14個あります。ネコとゾウにこのようにリンゴを分けたとき、ネズミとクマには何個ずつリンゴを分けられますか。その数だけ、それぞれ碁石を置いてください。
②（問題18-３の絵を渡す）リンゴが11個あります。クマにこのようにリンゴを分けたとき、ネズミ、ネコ、ゾウには何個ずつリンゴを分けられますか。その数だけ、それぞれ碁石を置いてください。ただし、同じ動物には同じ数だけリンゴをあげてください。

〈時間〉　各１分

〈解答〉　①ネズミ：２　クマ：４　②ネズミ：１　ネコ：２　ゾウ：４

［2021年度出題］

学習のポイント

本問は、リンゴの総数によってそれぞれの動物に分配できるリンゴの数が変わってくることを理解していなければなりません。問題18-２では、リンゴが14個あるうち、既にネコとゾウにそれぞれの数だけリンゴが配られています。考える順番ですが、まず、クマのリンゴの数を推測します。クマのリンゴはネコより多く、ゾウより少ない数になるので、４個だとわかります。そして、残ったリンゴ２個がネズミのものになります。問題18-３では、クマのリンゴの数しか示されていないので、少し混乱するかもしれません。この場合は、まず、ネコのリンゴの数を考えます。クマの３個より少ない数になるので、２個以下だとわかります。次に、ネズミ２匹のリンゴの数は同じ数になるので、１個か２個です。ネズミはネコより少ない数になるので、１個だと確定します。すると、11個のリンゴのうち、ネズミ、ネコ、クマのリンゴの数が決まり、残った４個のリンゴがゾウのものだとわかります。このように、順序立てて考えると必ず正解に辿り着けますから、お子さまが諦めてしまわないよう、保護者の方は、考え方をアドバイスしてあげてください。

【おすすめ問題集】
新 口頭試問・個別テスト問題集、Ｊｒ・ウォッチャー31「推理思考」

問題19　分野：個別テスト／推理

〈準備〉　碁石

〈問題〉　（問題19－１の絵を渡して）
アヒルさんは白い碁石なら右、黒い碁石なら上に１マス進みます。
サクランボを採りに行くとき、碁石は「○○●」と置きます。

①（問題19－２の絵を渡す）アヒルさんがブドウに採りに行くとき、碁石はどのように置けばよいですか。「？」のところに正しい色の碁石を置いてください。ただし、他の果物は採らないように進んでください。
②（問題19－３の絵を渡す）アヒルさんがバナナを採りに行くとき碁石はどのように置けばよいですか。「？」のところに正しい色の碁石を置いてください。ただし、他の果物は採らないように進んでください。

〈時間〉　各１分

〈解答〉　①白、黒　②白、黒、白

［2021年度出題］

学習のポイント

比較的易しい推理の問題です。果物への行き方はいろいろありますが、下の四角の碁石の並びを見て、順を追って考えていきましょう。マス目を指でなぞりながら進むと、動線がわかりやすいので、ぜひ実践してみてください。動線を考える際、「他の果物は採らないように進む」というお約束を忘れないようにしてください。「採らないように」という説明ですが、「マス目を通らないように」という意味であることをお子さまは理解できていましたか。本問は推理思考だけでなく、お話を聞く力も必要な問題です。お子さまが間違えてしまった場合、推理の段階で間違えたのか、お話を聞く段階で間違えたのかを、保護者の方はチェックしてください。

【おすすめ問題集】
口頭試問最強マニュアル　ペーパーレス編、Ｊｒ・ウォッチャー31「推理思考」

問題20　分野：運動

〈準備〉　三角コーン（赤、青、黄、緑をそれぞれ４個）、ビニールテープ（黒色）
※この問題は問題５－１の絵を使用してください。

〈問題〉　**この問題は絵を参考にしてください。**
（この問題は15人程度のグループで行う）
これからかけっこをします。コーンの間からスタートして、向こう側にある、同じ色のコーンの間まで走ってください。走るときは、４人ずつ走ります。待っている間は、白いテープのところで体育座りをして待っていてください。走り終えたら、黒いテープが貼られているところで体育座りをして待っていてください。

〈時間〉　適宜

〈解答〉　省略

［2021年度出題］

学習のポイント

コロナ禍での試験ということもあり、例年より少ない人数で実施されました。運動の課題は例年同じ形式で出題されていますから、流れを事前に確認しておきましょう。年相応の運動能力があるかを観ている課題ですから、仮にかけっこの順位が低くても落ち込む必要はありません。落ち込んでいると、その後の課題にも影響しますから、課題ごとに気持ちを切り替えて臨むようにしましょう。運動能力よりも、待機時間の様子や課題への意欲的な態度が評価に大きく関係します。待機時間ですが、特にかけっこをした後は、走り終わったことで気持ちが緩み、ふざけたりお喋りをしてしまうかもしれません。校門を出るまでが試験ですから、常に観られていることを自覚し、適度な緊張感を保ちましょう。

【おすすめ問題集】
新 運動テスト問題集、Ｊｒ・ウォッチャー28「運動」、29「行動観察」

問題21　分野：行動観察

〈準　備〉　『線路は続くよどこまでも』を録音したＣＤ、再生機器

〈問　題〉　**この問題の絵はありません。**
（この問題は15人程度のグループで行う）
①『線路は続くよどこまでも』を伴奏に合わせて歌ってください。
②歌いながら輪になって回ります。音楽は２回流します。最初は、私（出題者）がお手本を見せますので、その通りにしてください。（お手本の動きを見せた後、音楽を流し、輪になって回る）

〈時　間〉　適宜

〈解　答〉　省略

［2021年度出題］

学習のポイント

行動観察も人数を制限して実施されました。歌を歌う課題は頻出の課題ですから、ある程度の童謡は知っていることが望ましいです。歌を歌うときは、明るく、元気よく、取り組むようにしましょう。また、意欲的な態度のほかに、コミュニケーション力も観られています。小学校に入学したら、集団で過ごす時間がぐっと増えます。大人数がいる場でも、萎縮せず、集団の輪の中に入っていける必要があります。お子さまの性格によっては、人前で歌うことが恥ずかしかったり、初めて会う人ばかりだと緊張してしまい、消極的な態度をとってしまうかもしれません。コミュニケーション力は一朝一夕に身につくものではありませんから、普段から公園で初めて会うお友だちと遊ぶなどして、家族や仲の良いお友だち以外と交流する機会を設けるようにしましょう。

【おすすめ問題集】
口頭試問最強マニュアル ペーパーレス編、Ｊｒ・ウォッチャー29「行動観察」

問題22　分野：面接（保護者のみ）

〈準備〉　なし

〈問題〉　**この問題の絵はありません。**

【アンケート】
・立教小学校に期待していることは、どのようなことですか。
・育児で気を付けていることはなんですか。
・お子さまのことで、学校側に留意してもらいたいことはありますか。
・お子さまのアピールポイントを述べてください。

【父親へ】
・当校を志望した理由をお聞かせください。
・ご出身（または出身校）はどちらですか。
・どのようなお仕事をされていますか。
・家でお子さまとはどのように接していますか。
・男子校ということをどう思われていますか。

【母親へ】
・当校の在校生、または卒業生の知人はいらっしゃいますか。
・大学では、何を専攻にして勉強していましたか。卒業論文などのテーマは何ですか。
・お子さまの「やさしさ」を感じられたことは何ですか
・地域の行事には参加しておられますか。
・（共働きの場合）お仕事はフルタイムですか。
・（共働きの場合）夫婦ともに働いておられますが、緊急時にお子さまをお迎えは、どうされますか。
・（兄姉が別の小学校に通っている場合）お兄さん（お姉さん）の学校とは校風が違いますが大丈夫ですか。そちらの学校ではいかがですか。
・春から小学生になるにあたり、気をつけていることはありますか。

〈時間〉　15分

〈解答〉　省略

［2021年度出題］

学習のポイント

アンケートや面接の内容に、例年大きな変化は見られません。質問項目は、学校の教育について、保護者の方自身について、お子さまについての大きく３つに分けられます。過去のアンケートや面接の内容を元に、伝えることを整理しておくとよいでしょう。また、当校は、都内に２校しかないキリスト教教育を実施する男子校です。男子校や宗教教育が、ご家庭の教育方針やお子さまにとってどのような影響があるのかを回答できるとよいでしょう。また、普段から、入学後のビジョンについてもご家庭で話し合っておく必要があります。学校行事への参加や緊急時の対応など、保護者の方の協力的な姿勢も観られています。学校と１つになって、お子さまの成長をサポートしていく準備ができていることを伝えられるようにしましょう。

【おすすめ問題集】
新・小学校面接Ｑ＆Ａ、保護者のための面接最強マニュアル、新 小学校受験文例集500

問題23　分野：個別テスト／記憶（お話の記憶）

〈準備〉　絵本『シロクマくつや』（8頁を参照）、碁石
※この問題は問題1－1の絵を使用してください。

〈問題〉　これからお話をするのでよく聞いてください。
（『シロクマくつや』の絵本を読み聞かせる。絵本を読み終えた後、別の部屋に移動し、質問を行う）

（問題1－1の絵を渡す）
①お店は何屋さんでしたか。正しいと思うところに碁石を置いてください。「靴屋」と思うなら青、「薬屋」と思うなら黄、「お菓子屋」と思うなら赤の○に碁石を置きましょう。
②ペンギンにおすすめをしたのはどんな靴でしたか。「ガオガオ」と思うなら青、「プカプカ」と思うなら黄、「ピョンピョン」と思うなら赤の○に碁石を置きましょう。
③靴は誰のお誕生日のプレゼントでしたか。「シロクマ」と思うなら青、「巨人のぼうや」と思うなら黄、「巨人」と思うなら赤の○に碁石を置きましょう。

〈参考〉　『シロクマくつや』のあらすじ
靴屋のシロクマ家族が、新しい家を探していると、山の中にぴったりな空き家を見つけました。とても大きくて、靴の形をしています。家族は早速、空き家を立派な靴屋さんに建て直しました。シロクマ家族が営む靴屋さんはたちまち、村で大評判。でも家族はふと思いました。「いったい誰が、この靴のおうちを建てたのだろう？」次の日に地震のような大きな揺れでその謎が解けます。思いがけないお客さんがシロクマ靴屋を訪れるので…。

〈時間〉　各10秒

〈解答〉　①青　②赤　③黄

［2020年度出題］

学習のポイント

当校のお話の記憶の問題は、実際にある絵本を使って出題されます。絵がスクリーンに映し出され、先生が口頭でお話を読み上げます。絵がある分、お話をイメージしやすいのですが、スクリーンに集中しすぎて、お話の細部を聞き逃さないように注意しましょう。また、お話を聞く部屋と解答する部屋が異なります。環境が次々と変わるため、お子さまの集中力や記憶力の維持が難しいでしょう。対策としては、事前に、お子さまに試験の流れを伝え、ご家庭で練習する際は、同じ形式でやることをおすすめいたします。口頭試問では、解答の正誤以外に、解答時の態度も評価されています。部屋を移動する際にお喋りやおふざけはしていませんか。保護者の方は、このようなことにも気を配り、お子さまを指導するようにしましょう。

【おすすめ問題集】
1話5分の読み聞かせお話集①・②、お話の記憶 初級編・中級編・上級編、
苦手克服問題集 記憶、Ｊｒ・ウォッチャー19「お話の記憶」

問題24　分野：個別テスト／記憶（お話の記憶）

〈準備〉　絵本『シロクマくつや　ちいさなちいさなうわぐつ』（8頁を参照）、碁石
※この問題は問題1－1の絵を使用してください。
※この問題は問題23に続いて出題されます。

〈問題〉　これからお話をするのでよく聞いてください。
（『シロクマくつや　ちいさなちいさなうわぐつ』の絵本を読み聞かせる。絵本を読み終えた後、別の部屋に移動し、質問を行う）

（問題1－1の絵を渡す）
①誰からお手紙が届きましたか。「巨人のぼうや」と思うなら青、「クスクス幼稚園の園長先生」と思うなら黄、「クスクス小学校の校長先生」と思うなら赤の○に碁石を置きましょう。
②シロクマ家族は何足のうわぐつを依頼されましたか。「100」と思うなら青、「101」と思うなら黄、「103」と思うなら赤の○に碁石を置きましょう。
（問題23と問題24の本を比べて）
③2冊読んだお話のうち、君はどちらが好きですか。どうしてかも話してください。

〈参考〉　『シロクマくつや　ちいさなちいさなうわぐつ』のあらすじ
シロクマ3兄弟のおうちは、素敵な靴を取り扱う「シロクマくつや」。靴職人のお父さんとおばあちゃんが靴をつくり、3兄弟とお母さんがそれをお店で売ります。そんなシロクマくつやに、小さな小さな1通の手紙が届きます。「入園する子リスたちのために、うわぐつをつくってほしい」というお願いの手紙でした。さあ、お父さんとおばあちゃんは大忙し、さっそく仕事にとりかかります。さて、無事完成したうわぐつを幼稚園に届けた3兄弟でしたが、園長先生はなぜか浮かない顔をしています。「じつはね、この幼稚園、まだ遊具が全然たりないの」3兄弟は考えました「ぼくたちも何かお手伝いできないかなあ…そうだ！」3兄弟は、巨人の坊やの助けも借りることにして、すてきな計画を思いつきました。

〈時間〉　各10秒

〈解答〉　①黄　②赤　③省略

［2020年度出題］

学習のポイント

お話の記憶は読み聞かせの量が比例すると言われています。お子さまはしっかりと記憶できていたでしょうか。この問題のポイントは、2冊の本を比較して、感想を述べる設問③です。2冊の本はシリーズものですから、どの本がどんな内容だったかを整理できていなければいけません。保護者の方は、お子さまが解答しているときの様子を観察し、しっかりと記憶できていたかをチェックしてください。チェックしたことは、保護者の方の胸の内にしまい、今後の対策に生かしてください。また、お話の記憶は自分が体験したことや、知っている内容などの場合、記憶しやすいと言われてますが、コロナ禍の生活を強いられたお子さまは、生活体験量が多くありません。ですから、試験までしっかりと読み聞かせなどをして、記憶する力をしっかりと身につけるようにしましょう。

【おすすめ問題集】
新 口頭試問・個別テスト問題集、1話5分の読み聞かせお話集①・②、
お話の記憶 初級編・中級編・上級編、Jr・ウォッチャー19「お話の記憶」

問題25　分野：記憶（お話の記憶）

〈準備〉　ＤＶＤ『つみきのいえ』（８頁を参照）、サイコロ（それぞれの面を赤・青・黄の３色で塗り分けたものを用意する）

〈問題〉　**この問題の絵はありません。**
これからお話を見ます。見た後で、質問に答えてください。
（『つみきのいえ』のＤＶＤを鑑賞する。ＤＶＤを鑑賞した後、質問を行う）

①おじいさんは何を水の中へ落としたのですか。「パイプ」と思うなら青、「本」と思うなら黄、「ペン」と思うなら赤の面を上にしてサイコロを置きましょう。
②２つ目に潜った家にあったものはどれですか、「ベッド」と思うなら青、「キッチン」と思うなら黄、「カメラ」と思うなら赤の面を上にしてサイコロを置きましょう。
③１番下の家は誰が作ったものですか。「大工さん」と思うなら青、「おじいさんとおばあさん」と思うなら黄、「おじいさん」と思うなら赤の面を上にしてサイコロを置きましょう。

〈参考〉　『つみきのいえ』のあらすじ
おじいさんは、海の上の家にひとりで住んでいます。この家は、昔は街の中にあったのですが、だんだんと海の水が上がってきてしまい、今では海の上にあります。昔からおじいさんは水が上がってくるたびに、積み木のように上に新しい家をつくって積む、ということを繰り返して生活してきました。ある日、おじいさんはうっかり、パイプを水の中に落としてしまいます。どうしてもお気に入りのパイプだったので、それを取りに、今は水の中にある昔住んでいた家へ潜っていきます。

〈時間〉　各10秒

〈解答〉　①青　②青　③黄

［2020年度出題］

学習のポイント

解答は、碁石やサイコロを使って行います。例年「○○だと思ったら赤、△△だと思ったら黄…」のような形式で出題されますから、この形式に慣れておくようにしましょう。例年、当校では、スクリーンを用いた読み聞かせと、ＤＶＤ視聴の２種類の形式で、お話の記憶の問題が出題されています。どちらも、大勢の受験者と一緒にお話を聞きます。記憶力や集中力だけでなく、集団の中でどのような振る舞いをするかも観られています。本問の場合は、当然ですが、静かにお話を聞くことができなければなりません。お喋りをしたり、騒いだりすると、他のお友だちの迷惑になります。このような常識的な振る舞いが自然とできるよう、保護者の方は、普段から指導するようにしてください。

【おすすめ問題集】
新 口頭試問・個別テスト問題集、１話５分の読み聞かせお話集①・②、
お話の記憶 初級編・中級編・上級編、Ｊｒ・ウォッチャー19「お話の記憶」

問題26　分野：個別テスト／記憶（見る記憶）

〈準 備〉　※問題26－１の絵の動物が描かれている○を切り取っておく。
※問題26－２、26－３の絵を点線で切り分けておく。

〈問 題〉　①（問題26－２の絵の★がついている絵を見せる）
リンゴの○をよく見てください。
（10秒後、問題26－２の絵の☆がついている絵を見せる）
先ほど見せた絵のリンゴだった部分がサルに変わっています。サルはそこに描かれていた個数分、リンゴを食べました。サルはリンゴを何個食べましたか。
（問題26－１の絵を渡す）
この台紙に描かれているリンゴで、サルが食べた個数と同じと思う絵にサルの絵（問題26－１で切り取った動物の絵）を置いてください。

②（問題26－３の絵の◆がついている絵を見せる）
リンゴの○をよく見てください。
（10秒後、問題26－３の絵の◇がついている絵を見せる）
先ほど見せた絵のリンゴだった部分がウサギ、サル、クマに変わっています。ウサギ、サル、クマはそこに描かれていたリンゴを食べました。ウサギ、サル、クマはリンゴをそれぞれ何個食べましたか。
（問題26－１の絵を渡す）
この台紙に描かれているリンゴの絵で、食べた個数と同じ個数の上にその動物の絵を置いてください。

〈時 間〉　各１分

〈解 答〉　①３個　②ウサギ：１個、クマ：１個、サル：３個

［2020年度出題］

学習のポイント

最初の絵を見て、その後に出された絵と比較して変わった箇所を答える問題です。絵を記憶する時間は10秒ほどです。その短時間で記憶しなくてはいけませんし、指示された解答方法もしっかりと記憶します。内容と解答方法、２つの記憶が必要なので、慎重に行う必要があります。スムーズに答えるようにするには、日頃の学習から、解答方法を工夫してみましょう。例えば、「変わっていないものを答える」や「そのものの数や色の変化をたずねる」といった形です。指示の理解とそれに沿った行動をするというのは小学校入試の最も重要な基本であり、ルールです。

【おすすめ問題集】
口頭試問最強マニュアル ペーパーレス編、
Ｊｒ・ウォッチャー20「見る記憶・聴く記憶」

問題27　分野：個別テスト／記憶（お話の記憶）

〈準備〉　※問題27-1の絵の太線と「切」と書いているところを切り抜いておく。また、指定された色を塗っておく。

〈問題〉　（問題27-２を見せる）
絵にはチーズが描いてあります。
チーズが隠れないように、パズルのピース（問題27-１の絵を切り取ったもの）をはめ込みましょう。パズルのピースは回転させても構いません。

〈時間〉　３分

〈解答〉　下図参照

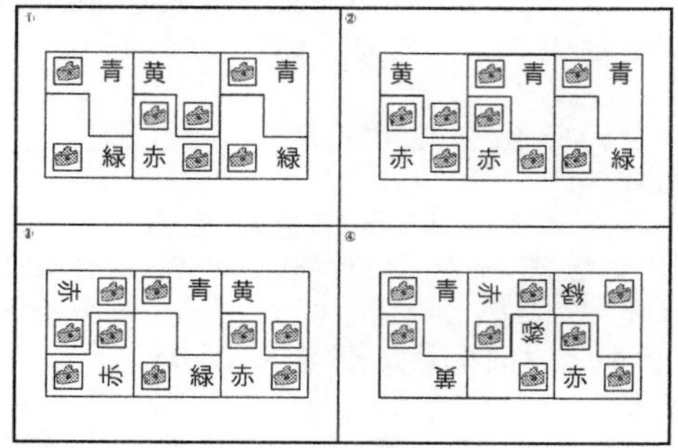

［2020年度出題］

学習のポイント

本問はパズルのピースを置くという問題ですが、「チーズを隠さないで」という条件があるので、少し複雑になっています。このレベルのパズルや立体パズル（パターンブロックを使用）の問題は例年出題されているので、スムーズにできるようにしておきましょう。日頃の学習では積み木やパターンブロックなどの実物を使った学習に親しんでおくことです。お子さまは実際に使うことで、図形の特性や法則を自分で発見し、それらを感覚的に理解していきます。

【おすすめ問題集】
口頭試問最強マニュアル ペーパーレス編、
Ｊｒ・ウォッチャー３「パズル」、９「合成」、54「図形の構成」

問題28　分野：運動

〈準備〉　三角コーン（赤、青、黄、緑をそれぞれ４個用意）、ビニールテープ（黒色）
※この問題は問題５-１の絵を使用してください。

〈問題〉　**この問題は絵を参考にしてください。**
（この問題は50人程度のグループで行う）
これからかけっこをします。コーンの間からスタートして、向こう側にある、同じ色のコーンの間まで走ってください。走るときは、４人ずつ走ります。待っている間は、白いテープのところで体育座りをして待っていてください。走り終えたら、黒いテープが貼られているところで体育座りをして待っていてください。

〈時間〉　適宜

〈解答〉　省略

［2020年度出題］

学習のポイント

運動は、例年同様の課題です。内容は単なるかけっこですから、特に対策というものは必要ないでしょう。都内に２校しかない男子校ということもあって、ほかの学校よりは運動能力そのものも評価するようですが、速く走らなければダメということではありません。「指示を守って元気よく」という形が見せられれば特に問題となることはないでしょう。

【おすすめ問題集】
新 運動テスト問題集、Ｊｒ・ウォッチャー28「運動」

問題29 分野：行動観察

〈準備〉 『アイアイ』、『人間っていいな』を録音したＣＤ、再生機器

〈問題〉 **この問題の絵はありません。**
（この問題は15人程度のグループで行う）
①『アイアイ』を伴奏に合わせて歌ってください。
②『人間っていいな』の曲に合わせてダンスをします。音楽は２回流します。最初は、私（出題者）がお手本を見せますので、その通りに踊ってください。２回目は自分で考えた踊りを、自由に踊ってください。（お手本のダンスを見せた後、音楽を流し、ダンスをする）

〈時間〉 適宜

〈解答〉 省略

［2020年度出題］

学習のポイント

例年出題される問題です。曲は毎年変わりますが、歌とダンスの組み合わせは変わらないようです。もちろん当校が、歌とダンスの才能を評価しているわけではなく、この２つを通して集団行動がしっかりできているかを見ていると考えてください。「自由に歌う」「踊る」と指示されても、小学校のクラスでは各々が勝手に振る舞ってよいというわけではなく、時間の制限であったり、一緒に行動する人への思いやりが必要だったりします。学校はそういった点が、この行動観察でも守られているかを観ているのです。この問題への対処も、よく歌や踊りに用いられている曲をあらかじめ聞いておくことを対策とするのではなく、指示を守ること、積極的に行動することなどを意識することを重視してください。お子さまのためのリトミック教育（音楽を使う教育）では、「情操」「音感」「生活習慣」の３つが養われると言います。学校の評価も入試の時点でこれらのことがどのくらい備わっているかということなのです。

【おすすめ問題集】
口頭試問最強マニュアル ペーパーレス編、Ｊｒ・ウォッチャー29「行動観察」

問題30 分野：面接（保護者のみ）

〈準備〉 なし

〈問題〉 **この問題の絵はありません。**

【アンケート】
・立教小学校に期待していることは、どのようなことですか。
・育児で気を付けていることはなんですか。
・お子さまのことで、学校側に留意してもらいたいことはありますか。

【父親へ】
・当校を志望した理由をお聞かせください。
・ご出身（または出身校）はどちらですか。
・どのようなお仕事をされていますか。
・家でお子さまとはどのように接していますか。
・男子校ということをどう思われていますか。

【母親へ】
・当校の授業見学にはいらっしゃいましたか。印象はいかがですか。
・当校の在校生、または卒業生の知人はいらっしゃいますか。
・大学では、何を専攻にして勉強していましたか。卒業論文などのテーマは何ですか。
・地域の行事には参加しておられますか。
・（共働きの場合）お仕事はフルタイムですか。
・（共働きの場合）夫婦ともに働いておられますが、緊急時にお子さまをお迎えにあがる場合は、どうしますか。
・（兄姉が別の小学校に通っている場合）お兄さん（お姉さん）の学校とは校風が違いますが大丈夫ですか。そちらの学校ではいかがですか。
・春から小学生になるにあたり、気をつけていることはありますか。

〈時間〉 15分

〈解答〉 省略

［2020年度出題］

学習のポイント

当校の面接は志願者の試験日とは別の日程で行われます。保護者の方の質問は、大別すると学校の教育について、保護者の方自身について、お子さまについての３つに分けられます。質問がシンプルなものほど、回答時の姿勢、言葉の強さ、回答の背景、保護者の方の信念など、回答以外のことが観られます。ですから、学校側が求めている回答を模索し、それにマッチさせよう。という作業はムダです。仮にそれで回答した場合、学校側は、その様な対策をし、回答していると直ぐに見抜きます。ですから、試験前には、志望動機など学校側に提出したアンケートを読み返し、保護者間でしっかりと話し合いをし、自分の家庭の子育てに自信を持てるように高め合うことがおすすめです。

【おすすめ問題集】
新・小学校面接Ｑ＆Ａ、保護者のための面接最強マニュアル、新 小学校受験文例集500

問題31　分野：個別テスト／記憶（お話の記憶）

〈準備〉　絵本『もりいちばんのおともだち』（８頁を参照）、サイコロ（それぞれの面を赤・青・黄の３色で塗り分けたものを用意する）

〈問題〉　これからお話をするのでよく聞いてください。
（『もりいちばんのおともだち』の絵本を読み聞かせる。絵本を読み終えた後、別の部屋に移動し、質問を行う）

①クマさんとヤマネくんが好きなものはそれぞれ何でしたか。「大きいもの」と思うならサイコロの赤、「小さいもの」と思うならサイコロの青の面を上にしてサイコロを置きましょう。
②クマさんとヤマネくんがケーキ屋さんで注文したのは、それぞれ何のケーキでしたか。「チーズケーキ」と思うならサイコロの赤、「モンブラン」と思うならサイコロの青、「デコレーションケーキ」と思うならサイコロの黄の面を上にしてサイコロを置きましょう。
③クマさんとヤマネくんがケーキ屋さんでもらった苗は、それぞれ何の苗でしたか。「カボチャ」と思うならサイコロの赤、「ブドウ」と思うならサイコロの青、「サツマイモ」と思うならサイコロの黄の面を上にしてサイコロを置きましょう。
④（問題31の絵を渡す）この中で、お話に出てきた動物は何ですか。全部の動物を指で指して教えてください。

〈参考〉　『もりいちばんのおともだち』のあらすじ
小さいものが好きな大きなクマさんと、大きいものがすきな小さなヤマネくん。クマさんは小さなヤマネくんを一目で気に入り、ヤマネくんは大きなクマさんを一目で気に入り、２人はすぐに仲良くなりました。ある日、森でケーキ屋さんを見つけると、甘いものが大好きな２人はケーキを食べます。そして、店長からクマさんが小さな植木鉢の苗を、ヤマネくんが大きな植木鉢の苗をもらいます。そしてそれぞれ一生懸命育てると、クマさんの畑は大きな花畑になり、たくさんのカボチャが実りました。ヤマネくんの畑は一度は枯れたように見えましたが、土の中にたくさんのさつまいもができました。そして２人は、森の動物のみんなを招待して、楽しく収穫パーティーをするのでした。

〈時間〉　各10秒

〈解答〉　①クマさん：青　ヤマネくん：赤　②クマさん：青　ヤマネくん：黄
③クマさん：赤　ヤマネくん：黄　④モグラ、ウサギ、カエル、クマ

［2019年度出題］

学習のポイント

実際の試験は、プロジェクターで絵を見ながら聴く読み聞かせ形式でした。２人ずつ別室に移動して答える、というのが本校の特徴です。例年、サイコロの色で答える、指の本数で示す、カードで答えるなどいずれも声を出さずに答える方法です。答えがわかっていても、答え方を間違えてしまえば不正解になります。別室に呼ばれて解答するときには、質問と選択肢の内容をよく聞いて答えるようにしましょう。選択肢を読み上げ、それに該当する色をサイコロなどで答えるという方法を普段から習慣化しておくと、本番でも落ち着いて解答できるはずです。

【おすすめ問題集】
新 口頭試問・個別テスト問題集、１話５分の読み聞かせお話集①・②、
お話の記憶 初級編・中級編・上級編、Ｊｒ・ウォッチャー19「お話の記憶」

問題32　分野：個別テスト／記憶（お話の記憶）

〈準備〉　絵本『あめのもりのおくりもの』（8頁を参照）、サイコロ（それぞれの面を赤・青・黄の3色で塗り分けたものを用意する）
※あらかじめ、問題32の絵を点線に沿って切っておく。

〈問題〉　これからお話をするのでよく聞いてください。
（『あめのもりのおくりもの』の絵本を読み聞かせる。絵本を読み終えた後、別の部屋に移動し、質問を行う）

①ヤマネくんは雷のことをどう思いましたか。「かっこいいと思った」と思うならサイコロの赤、「怖いと思った」と思うならサイコロの青の面を上にしてサイコロを置きましょう。
②ヤマネくんが取りに行ったものは何ですか。「タンポポ」と思うならサイコロの赤、「アジサイ」と思うならサイコロの青、「バラ」と思うならサイコロの黄の面を上にしてサイコロを置きましょう。
③クマさんは雷が怖いのに、どうして外に出たのですか。「アジサイを見たかったから」と思うならサイコロの赤、「川の水があふれて森が心配だったから」と思うならサイコロの青、「ヤマネくんが心配だったから」と思うならサイコロの黄の面を上にしてサイコロを置きましょう。
④（切り離した問題32の絵を渡す）4枚の絵を、お話に出てきた順番になるように並べてください。

〈参考〉　『あめのもりのおくりもの』のあらすじ
仲良しのクマさんとヤマネくん。ある雨の日のこと。外は大雨で、雷の音も大きく鳴り響きます。雷をかっこいいと言うヤマネくん。雷が怖くてぶるぶる震えながら布団に潜り込んでいるクマさん。ヤマネくんはなないろ谷にアジサイを見に行こうと誘いますが、クマさんは雷が怖いので、断ります。ヤマネくんは「アジサイを取ってきてあげる」と言って1人で出かけていきました。ヤマネくんが出かけてしばらくすると、雨によって川からあふれた水が、クマさんの家の中に入ってきました。なないろ谷は、その川の向こうにあります。ヤマネくんが危ないと思ったクマさんは、勇気を振り絞って外へ飛び出し、ヤマネくんを探しました。すると、川に落ちそうで助けを呼ぶヤマネくんの声がします。クマさんは急いで川に飛び込み、ヤマネくんを助けます。まもなくして雨が止み、アジサイの咲くなないろ谷で一緒に虹を見上げながら、2人はお互いを思いやる気持ちに感謝するのでした。

〈時間〉　各10秒

〈解答〉　①赤　②青　③黄　④雷→家の中に水→アジサイ→虹

［2019年度出題］

学習のポイント

実際にある絵本で読み聞かせの問題が出題されるのが、本校の特徴です。知っているお話だとしても、お話の内容も、質問の内容も、きちんと最後まで聞くようにしましょう。聞く態度も観られます。本校の場合、問題の質問はさほど難しくはありませんが、別室に移動して答えるため、覚えてから答えるまでに時間が空きます。その間に話の内容を忘れてしまわないように、ストーリーの要点や登場人物を整理し、長い時間覚えていられるような練習を、日頃からしておくとよいでしょう。本番でも、お話を聞いてから解答し終わるまで、集中力を切らさないようにしましょう。

【おすすめ問題集】
新 口頭試問・個別テスト問題集、1話5分の読み聞かせお話集①・②、
お話の記憶 初級編・中級編・上級編、Jr・ウォッチャー19「お話の記憶」

問題33　分野：個別テスト／記憶（お話の記憶）

〈準　備〉　ＤＶＤ『ハロルドのふしぎなぼうけん』（８頁を参照）
サイコロ(それぞれの面を赤・青・黄の３色で塗り分けたものを用意する)

〈問　題〉　**この問題の絵はありません。**
これからお話を見ます。見た後で、質問に答えてください。なお、答える時は、声を出してはいけません。
（『ハロルドのふしぎなぼうけん』のＤＶＤを鑑賞する。ＤＶＤを鑑賞した後、別の部屋に移動し、質問を行う）

①クレヨンは何色でしたか。「ピンク」と思うならサイコロの赤い面を、「むらさき」と思うならサイコロの青い面を、「みどり」と思うならサイコロの黄の面を上にしてサイコロを置いてください。
②ハロルドの上を飛んで行ったのは何でしたか。「飛行機」と思うならサイコロの赤い面を、「船」と思うならサイコロの青い面を、「月」と思うならサイコロの黄の面を上にしてサイコロを置いてください。
③陸地の端には何がありましたか。「山」と思うならサイコロの赤い面を、「海」と思うならサイコロの青い面を、「線路」と思うならサイコロの黄の面を上にしてサイコロを置いてください。
④ハロルドは何の絵を描いてお家に帰りましたか。「飛行機」と思うならサイコロの赤い面を、「線路」と思うならサイコロの青い面を、「家のドア」と思うならサイコロの黄の面を上にしてサイコロを置いてください。

〈参　考〉　『ハロルドのふしぎなぼうけん』のあらすじ
壁に絵を描きたくなったハロルドは、家の壁に紫色のクレヨンで絵を描き始めました。たくさんの家、小さな町、そのそばに森、丘。描き進めていくうちに、ハロルドは絵の中に入りました。絵の中で巨人になったハロルドは、どんどん絵を描き冒険していきます。陸地の端には海、そこにはかもめ、外国にいく船、くじらまでいます。雲より高いハロルドは、崖を登り、高い山をいくつも超えます。山と山の間に線路を描き、周りの景色を描き足していき、そして自分がとても小さくなっていることに気が付きます。ヒナギクよりも小鳥よりも小さく、ネズミの穴にも落ちてしまいます。どうすれば家に帰れるだろうか。少し考えたハロルドは、これはただの絵、家に居ればいつもの大きさだと気付くのです。そうして自分の家の部屋の鏡付きのドアを描くと、「やっぱり、ぼくはいつもと同じだ」と自分の部屋に帰ることができたのでした。

〈時　間〉　各10秒

〈解　答〉　①青　②赤　③青　④黄

[2019年度出題]

学習のポイント

本校では例年「お話の記憶」が重要視されており、ＤＶＤによる記憶の問題も出題されています。絵本を２冊、ＤＶＤを１作品というのは長い時間なので、普段から長い読み聞かせに慣れておくようにしましょう。長いお話で、しかも具体物が次々に登場してくると、覚えるのに苦労するかもしれません。このお話の場合なら、「陸地の端に来たら海に来た」「海の先には崖があった」とシーンごとに覚えていきましょう。また、解答時に声を出してはいけないというお約束もあります。思い出すことに夢中になって、答え方のルールを忘れないように気をつけましょう。

【おすすめ問題集】
新 口頭試問・個別テスト問題集、１話５分の読み聞かせお話集①・②、
お話の記憶 初級編・中級編・上級編、Ｊｒ・ウォッチャー19「お話の記憶」

問題34　分野：個別テスト／図形

〈準備〉　積み木（立方体で緑色３個、紫色４個、黄緑色５個）
※あらかじめ、問題34－１の絵の積み木を、指定された色で塗っておく。

〈問題〉　①（色を塗った問題34－１の絵を見せる）この絵と同じように、積み木を積んでください。余った積み木は横に置いてください。途中で崩れた時は、初めからやり直してください。
②（問題34－２の絵を渡す）今から言う通りに、紙の上に積み木を置いてください。
・○の印がある四角に、緑色の積み木を置いてください。
・△の印がある四角に、紫色の積み木を置いてください。
・☆の印がある四角に、黄緑色の積み木を置いてください。
・緑色の積み木の隣の四角に、緑色の積み木を置いてください。
・紫色の積み木の上に、黄緑色の積み木を置いてください。
・今置いた積み木の上に、紫色の積み木を置いてください。
・はじめに置いた積み木の上に、黄緑色の積み木を置いてください。

〈時間〉　①１分　②各５秒

〈解答例〉　省略

［2019年度出題］

学習のポイント

指示にしたがって、積み木を積む課題です。指示を正確に理解した上で、平面図から立体図を理解し、積み木を正確に積まなくてはなりません。もちろん、手先の器用さも必要ですが、口頭試問ならではの複合的な問題です。指示の通りに積むことはもちろんですが、課題に取り組む姿勢も観られていますので、急がず丁寧に課題に取り組むようにしましょう。①では指定された色の通りに積み木を積むこと、崩れないように丁寧に積むことの２つのことに注意しながら取り組まなければなりません。また、緑色と黄緑色の積み木を間違えないようにしましょう。②では、質問の中に「緑色の積み木の隣の四角に～」という指示がありますが、解答となる置き方は２通りあります。このように複数解答がある場合でも柔軟に対応できるようになりましょう。また、１つの作業を終えるとすぐに新たな指示を受けるという形式です。ただでさえ１つの作業に割ける時間が短いので、慌ててしまったり、指示を聞き逃してしまったりする可能性を考慮しておく必要があります。普段の練習の最後の課題では、ちょっと変わった指示を出したり、急がせたりするようにして、少しずつ慣れていくとよいでしょう。

【おすすめ問題集】
口頭試問最強マニュアル　ペーパーレス編、Ｊｒ・ウォッチャー３「パズル」、16「積み木」

問題35　分野：個別テスト／図形（パズル）

〈準備〉　問題35-1の絵をあらかじめ太線に沿って切り抜いておく。

〈問題〉　（問題35-1の絵を切り抜いたものと、問題35-2の絵を渡す）
パズルのピースを、台紙の形に合わせて並べてください。左から順に1つずつ行ってください。

〈時間〉　3分

〈解答〉　下図参照（全体の形が合っていれば正解としてください）

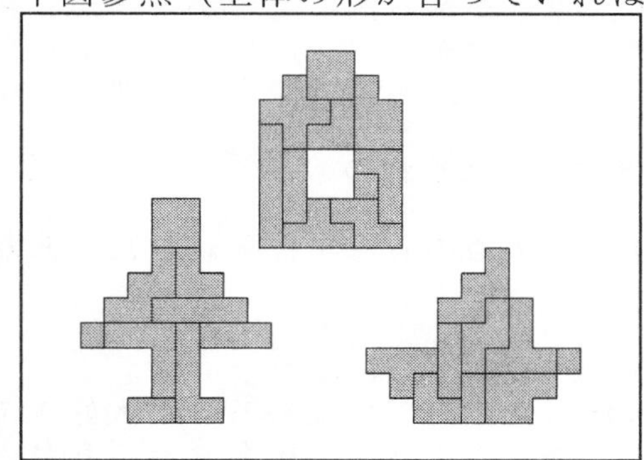

［2019年度出題］

学習のポイント

3～5種類程度のパターンブロックや積み木を組み合わせて見本の形を作るパズルの問題は、過去にも何度か出題されています。本問では、「ブロックス」という市販のゲームで使用するピースに似たものが使われていますが、ピースの種類が多く、当校の出題としてはやや難易度の高い問題となっています。図形を操作する問題の練習は、問題と同じものを実際に動かしながら行いましょう。また、普段からパズルやタングラムなどの図形を扱う遊び、積み木やブロックなどの立体を扱う遊びをたくさん行うとよいでしょう。図形や立体の持つ特性や法則のようなものを自ら発見し、それらを感覚的に理解できます。形と形を組み合わせた時の形や、回転・反転（裏返し）などの操作を行った後の形をイメージできるようになっておきましょう。

【おすすめ問題集】
口頭試問最強マニュアル ペーパーレス編、Ｊｒ・ウォッチャー３「パズル」、９「合成」、54「図形の構成」

問題36　分野：個別テスト／記憶（お話の記憶）

〈準備〉　絵本『ロバのシルベスターとまほうの小石』（８頁を参照）、サイコロ（それぞれの面を赤・青・黄の３色で塗り分けたものを用意する）
※あらかじめ、問題36の絵を線に沿って切っておく。

〈問題〉　これからお話をするのでよく聞いてください。
（『ロバのシルベスターとまほうの小石』の絵本を読み聞かせる。絵本を読み終えた後、別の部屋に移動し、質問を行う）

①魔法の石は何色でしたか。同じ色の面が上になるように、サイコロを置いてください。
②シルベスターはどうして家に帰らなかったのですか。「ライオンになってしまったから」と思うならサイコロの赤、「岩になってしまったから」と思うなら青、「鳥になってしまったから」と思うなら黄の面を上にして置きましょう。
③（切り離した問題21の絵を渡す）それぞれの絵を、左からお話の順番に並べてください。
④もしも、なんでも願いが叶う魔法の小石を手に入れたら、あなたはどうしますか。お話ししてください。

〈参考〉　『ロバのシルベスターとまほうの小石』のあらすじ
ロバのシルベスターは変わった形や色の石を集めるのが大好きです。ある日、草原で赤い石を拾いました。しばらくすると、雨が降ってきたので、シルベスターは「雨が止んでほしい」と思いました。すると、雨が止みました。赤い石は、どんな願いも叶う、魔法の小石だったのです。大喜びで何を願おうかと考えていると、シルベスターはライオンと出会ってしまいました。そこでシルベスターは「僕は岩になりたい」と思ってしまい、岩になってしまいました。
シルベスターのお父さんとお母さんは、シルベスターがいつまで経ってもお家に帰ってこないので、心配して探しにいきました。しかし、どこを探しても見つかりません。最後に、お父さんとお母さんは、シルベスターが岩になった草原にやってきました。そこで、お母さんは魔法の石を拾いました。お母さんは石を見て、「きれいな石ねえ。シルベスターにプレゼントしてあげたいわ」と言いました。すると、シルベスターが草原の向こうから走ってきました。お母さんの願いが叶って、シルベスターの魔法が解けたのです。シルベスターはお父さんとお母さんと抱き合って大喜びしました。

〈時間〉　①②③各10秒　④２分

〈解答〉　①赤　②青　③リンゴ→ミカン→イチゴ→バナナ　④省略

［2018年度出題］

学習のポイント

実際の試験は複数名の受験者と一緒に、プロジェクターに映し出された絵を見ながらお話を聞く形式で行われました。その後、２人１組になり、別室に移動して質問が出されました。席の間はパーテーションで仕切られており、隣の人の解答を見ることはできません。ご家庭で対策を取る場合は、まず、読み聞かせを行う時に、お子さまと距離を取り、絵本を開いて見せる状態で読み聞かせをします。その後、部屋を移して質問をするようにするとよいでしょう。絵を見ながらお話を記憶することには盲点があります。それは、聴覚よりも視覚の方が印象に残りやすいことです。質問される場面は必ずしも絵になっているとは限らないので、視覚に頼って記憶すると、絵になっていない部分の記憶があいまいになってしまう可能性もあります。ですから、スクリーンに大きく映し出された絵を頼るのではなく、お話を聞き取ることに重点を置いて練習を行うとよいでしょう。

【おすすめ問題集】
新 口頭試問・個別テスト問題集、１話５分の読み聞かせお話集①・②、
お話の記憶 初級編・中級編・上級編、Ｊｒ・ウォッチャー19「お話の記憶」

問題37　分野：個別テスト／記憶（お話の記憶）

〈準備〉　絵本『ジョーイのぼうけん』（８頁を参照）、サイコロ（それぞれの面を赤・青・黄の３色で塗り分けたものを用意する）

〈問題〉　**この問題の絵はありません。**
これからお話をするのでよく聞いてください。
（『ジョーイのぼうけん』の絵本を読み聞かせる。絵本を読み終えた後、別の部屋に移動し、質問を行う）

①ジョーイは何の動物ですか。「カンガルー」ならサイコロの赤、「クマ」なら青、「ウサギ」なら黄の面を上にして置きましょう。
②ジョーイのほかにはどんな動物が出てきましたか。わかったら、手を挙げて答えてください。
③ジョーイの本当のおうちはどこですか。「郵便屋さんのカバンの中」ならサイコロの赤、「お母さんの袋の中」なら青、「ペリカンの口の中」なら黄の面を上にして置きましょう。
④ジョーイのお母さんの袋に1番最初に入ったのは誰ですか。「クマ」ならサイコロの赤、「キリン」なら青、「ウサギ」なら黄の面を上にして置きましょう。

〈参考〉　『ジョーイのぼうけん』のあらすじ
カンガルーのジョーイは、お母さんのお腹の袋の中で暮らしています。ある日、ジョーイはお母さんとけんかをして、お母さんの袋から出ていってしまいました。どこで暮らそうか考えながら旅をしたジョーイは、ペリカンの口の中が空いていたので、その中に入りました。すると、ペリカンは遠くまで飛んでいってしまいました。その頃、お母さんの袋の中が空っぽなのを見て、他の動物たちがお母さんカンガルーの袋の中で暮らそうとしていました。ウサギやクマ、キリンなど、さまざまな動物が来ましたが、お母さんの袋の中にうまく入れません。お母さんが困っていると、ウシの郵便屋さんがやってきました。ウシの郵便屋さんはカバンの中から、ジョーイを出しました。遠くまで家出したジョーイを届けてくれたのです。ジョーイはお母さんと仲直りして、袋の中に戻りました。

〈時間〉　各10秒

〈解答〉　①赤　②ウサギ、クマ、キリン、ウシ　③青　④黄

［2018年度出題］

学習のポイント

実際の試験は50名程度のグループで行われます。当校の入試の「お話の記憶」は、「集団でお話を聞く→別室に移動→お話に関する質問を受ける」という流れになります。お話を聞いてから質問を受けるまでの「間」があるので、お話のポイントを忘れないような工夫が必要かもしれません。例えば、お話を読んだ後、数量などの別分野の問題を１問解いてからお話の記憶の質問をする。また、２冊の絵本を１ページずつ交互に読み、その後に質問をする、といった形で頭を切り替える練習をしてください。繰り返せば、指示や「お話」のポイントをつかむコツがわかってくるでしょう。

【おすすめ問題集】
新 口頭試問・個別テスト問題集、１話５分の読み聞かせお話集①・②、
お話の記憶 初級編・中級編・上級編、Ｊｒ・ウォッチャー19「お話の記憶」

問題38　分野：個別テスト／図形（積み木）

〈準備〉　積み木（立方体、赤・青・黄色・オレンジのものをそれぞれ３個ずつ用意）
※あらかじめ、問題38の絵を指定された色で塗っておく。

〈問題〉　①（準備した積み木を渡し、問題38の絵を見せる）この絵と同じように、積み木を積んでください。余った積み木は横に置いてください。
②今、積んだ積み木の中から、赤い積み木を取って、上の段の積み木を下の段に落としてください。次に、同じ色の積み木が横に並んでいるものを見つけて、その積み木を取り、上の段の積み木を下の段に落としてください。横に並んだ同じ色の積み木がなくなるまで繰り返してください。

〈時間〉　①30秒　②１分

〈解答〉　①省略　②下図参照

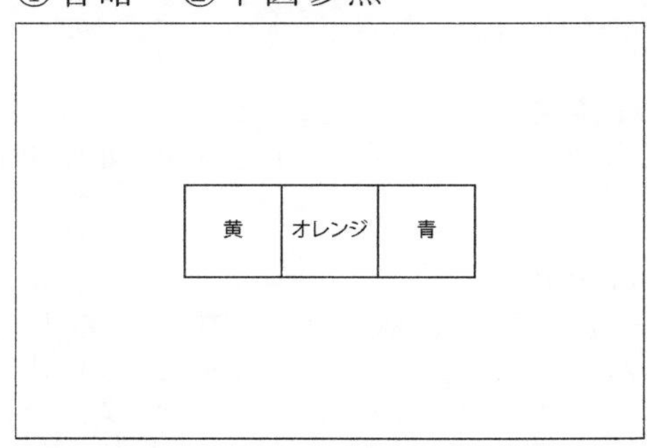

［2018年度出題］

学習のポイント

個別テストの場合、取り組むまでの時間、取り組んでいる最中、解答方法など、細部に渡って観察されます。したがって、取り組み始めるまでの時間も観察されていると考えましょう。特に指示を聞く姿勢は、正解不正解よりも場合によっては重要な評価対象になるのでくれぐれも注意してください。さて、実際の手順は、お手本と同じように素早く、きれいに積み上げるようにしましょう（この段階できれいに積み上げられないと、指定された積み木を取る時に崩れてしまう場合もあります）。次に、指示を聞き、「理解してから」積み木を操作します。この「理解してから」という点が重要で、中途半端な理解のまま行動してしまうと、それを見抜かれ、悪い評価を与えられかねません。なお、意外と気が付かないのが、片付けです。テスターに言われなくても、使用した積み木を片付けられるようにしましょう。

【おすすめ問題集】
口頭試問最強マニュアル ペーパーレス編、Ｊｒ・ウォッチャー３「パズル」、16「積み木」

問題39　分野：個別テスト／数量

〈準備〉　サイコロ（１～６の目が見えるもの）、カード（表を黒、裏を白で塗り分けたものを５枚用意する）

〈問題〉　※あらかじめ、問題39の絵のマス目の上に、準備したカードの黒い面を表にして置いておく。
これから私（出題者）がサイコロを置きます。そのサイコロの目と、テントウムシの背中の黒丸の数を足した数だけ、カードを裏返してください。カードはチューリップに近いものから裏返してください。すべて裏返したら、チューリップに近いものからさらに裏返してください。
次の問題になったら、すべてのカードを、黒い面が表になるように置いてください。
①（サイコロの目を２にして置く）では、始めてください。
②（サイコロの目を４にして置く）では、始めてください。
③（サイコロの目を６にして置く）では、始めてください。

〈時間〉　１分

〈解答〉　①黒：３枚　白：２枚
②黒：５枚　白：なし
③黒：３枚　白：２枚

［2018年度出題］

学習のポイント

テントウムシの黒丸の数は常に「６」です。そのことに気付けば、どの問題も、カードを６回めくった「黒白白白白」の状態から、サイコロの目の数だけカードをひっくり返せばよいことがわかります。「カードはチューリップに近いものから……」といった細かな手順の説明もありますが、実際にセッティングをし、カードを目の前にすれば、それほどわかりにくくはないでしょう。注意すべきなのは、「次の問題になったら、すべてのカードを……」の指示です。つまり、問題の準備をお子さま自身が行うという形になります。日頃の学習で、お子さまが「用意されたものをやる」という姿勢になりがちなら、準備をする練習をしておきましょう。

【おすすめ問題集】
口頭試問最強マニュアル ペーパーレス編、Ｊｒ・ウォッチャー14「数える」、41「数の構成」

問題40　分野：個別テスト／記憶（お話の記憶）

〈準 備〉　絵本『ガリバーのぼうけん』（８頁を参照）、碁石（白、黒）

〈問 題〉　これからお話をするのでよく聞いてください。
（※絵本を、絵を見せながらゆっくりと読み聞かせた後、質問する）

①お話の感想を聞かせてください。
②上の段を見てください。ガリバーが火事を消すのに使った道具は何でしょうか。正しいものを選んで、黒の碁石を置いてください。
③下の段を見てください。ガリバーが敵の国の小人たちと戦った道具は何でしょうか。正しいものを選んで、白の碁石を置いてください。

〈参 考〉　『ガリバーのぼうけん』のあらすじ
小人たちの島に流れ着いたガリバーは、最初は暴れるかもしれないとくさりにつながれていましたが、王様に信用してもらい、くさりを外されて、小人の街で暮らし始めました。ある晩、ガリバーは王様の城で起きた火事を、帽子ですくった水で消し、町の人気者になりました。そして、隣の国の小人たちが、船に乗って攻め込んできたのをつり針に引っ掛けて釣り、全部まとめて浜辺へ引っ張り上げ、敵国の王様を降参させました。ガリバーの人気はさらに高くなりましたが、人気者のガリバーに王の座を取られるかもしれないと思った王様が、自分を殺そうと企んでいることをガリバーは知りました。それを小人たちも知り、ガリバーが自分の国に帰れるための大きなボートを作ってあげました。ガリバーは感謝し、自分の国へ帰ることができました。

〈時 間〉　適宜

〈解 答〉　①省略　②左端（帽子）　③右端（釣り道具）

［2017年度出題］

学習のポイント

当校のお話の記憶の問題は、市販されている絵本を大型プロジェクターを通して集団で聞いた後、２人１組で別室に移動し、同時に質問を受けるという形式で行われます。質問自体はお話の内容に関する、いたってシンプルなものですが、お話の感想を述べる問題もあり、自分の意見や感想を述べるための語彙や表現力は必要です。日頃の読み聞かせの中で、単に読み聞かせを行うだけでなく、お話について簡単な質問をしたり、話し合うようにすると意見や感想を伝える力が自然と身に付いてきます。なお、ここでは簡単なあらすじを参考として掲載していますが、試験に即して絵を見せながら実際のお話を読み聞かせた方が、試験に慣れるという意味では効果的でしょう。

【おすすめ問題集】
新 口頭試問・個別テスト問題集、１話５分の読み聞かせお話集①・②、
お話の記憶 初級編・中級編・上級編、Ｊｒ・ウォッチャー19「お話の記憶」

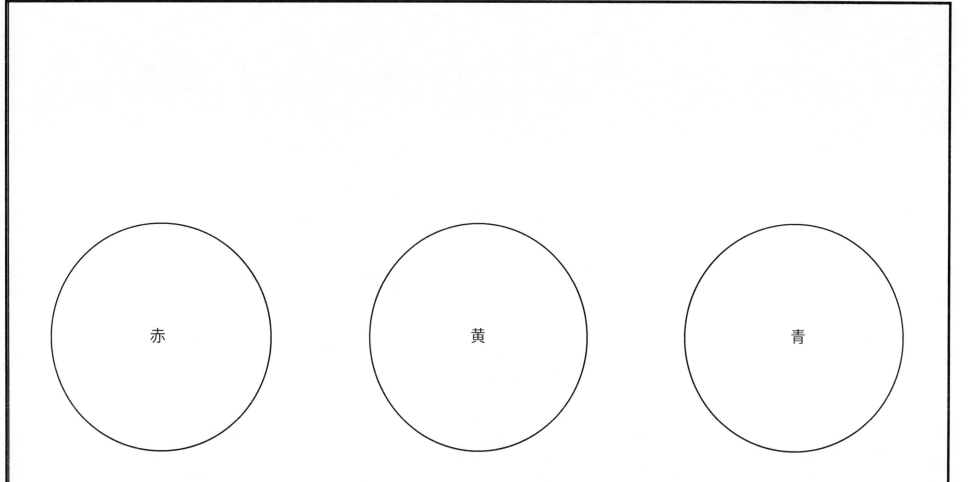

問題１－１

赤

黄

青

日本学習図書株式会社

問題3－1

最初の状態

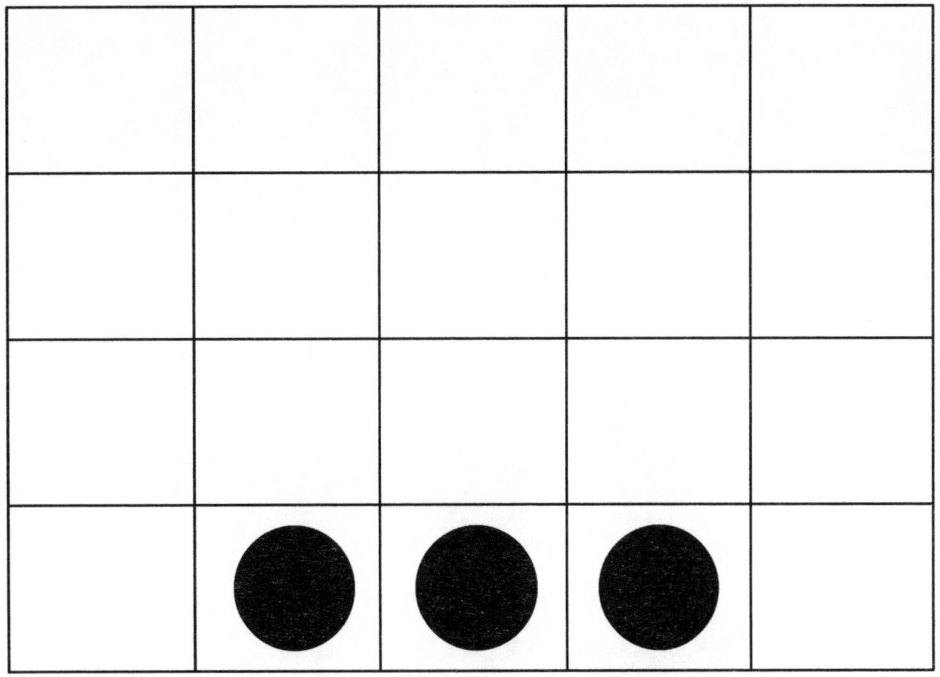

	●	●	●	

用意されたおはじき

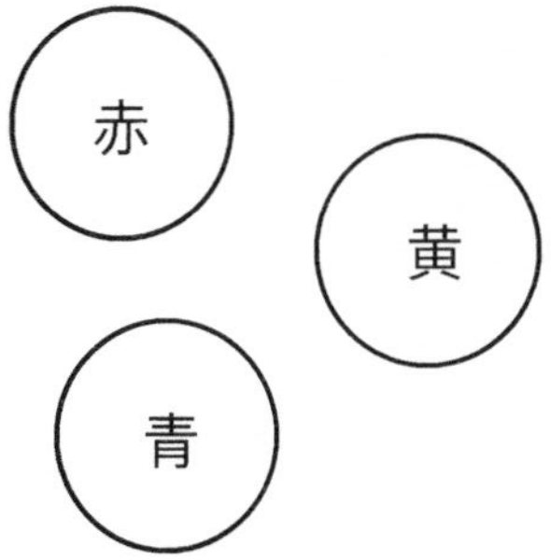

赤　黄　青

おはじきの裏表の配色

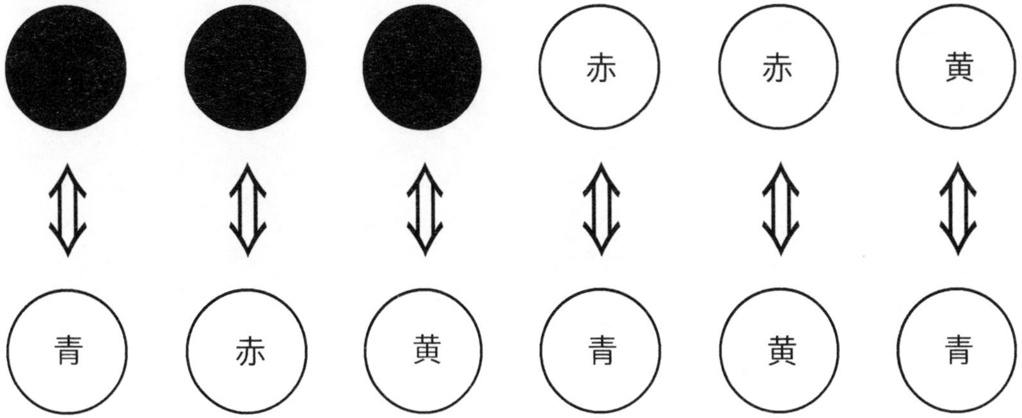

●	●	●	赤	赤	黄
⇕	⇕	⇕	⇕	⇕	⇕
青	赤	黄	青	黄	青

問題3－2

問題３－３

①

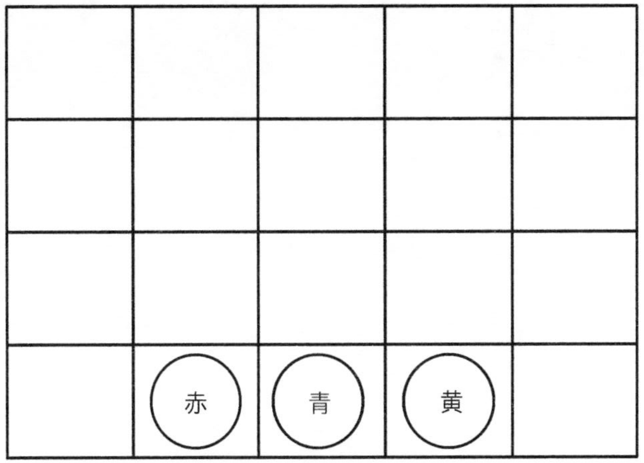

	赤	青	黄	

②

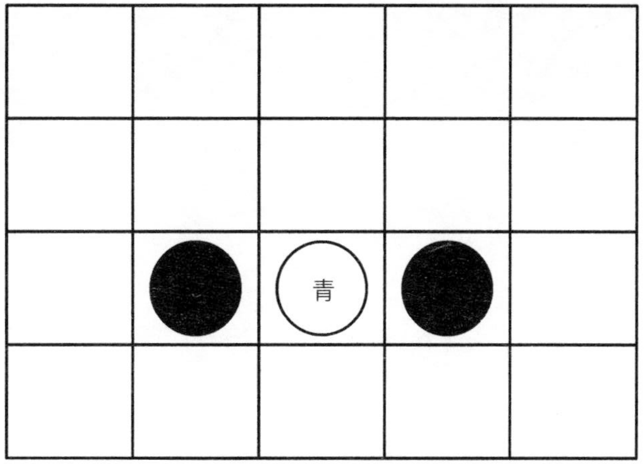

	●	青	●	

③

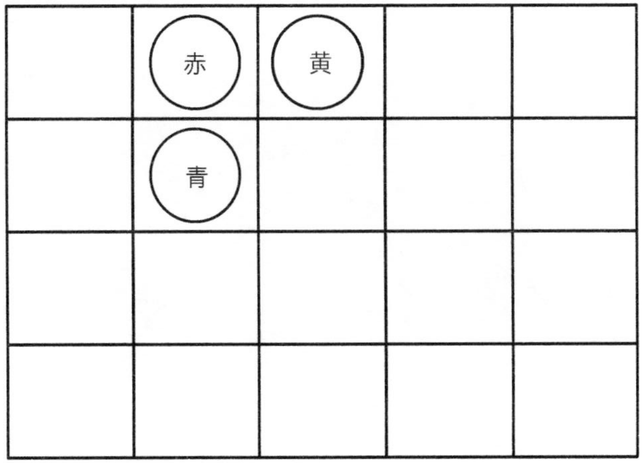

	赤	黄		
	青			

④

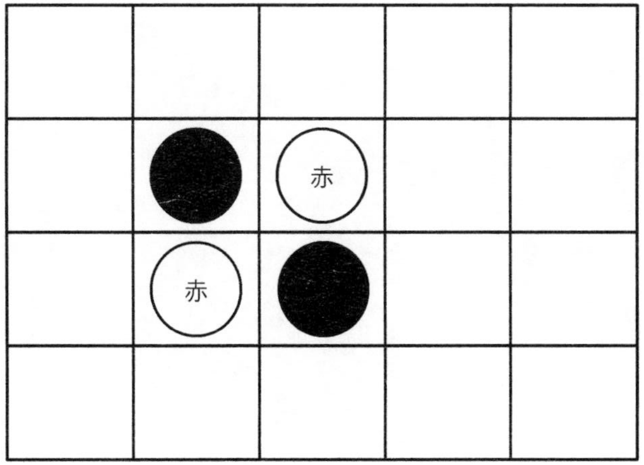

	●	赤		
	赤	●		

日本学習図書株式会社

問題3－4

⑤

	赤	●		
	赤	黄		
		青		

⑥

		黄	赤	
	青			
●				

⑦

		●		
	黄		青	
	●		●	

⑧

	●	赤		
	青		青	
		●	黄	

問題３－５

⑨

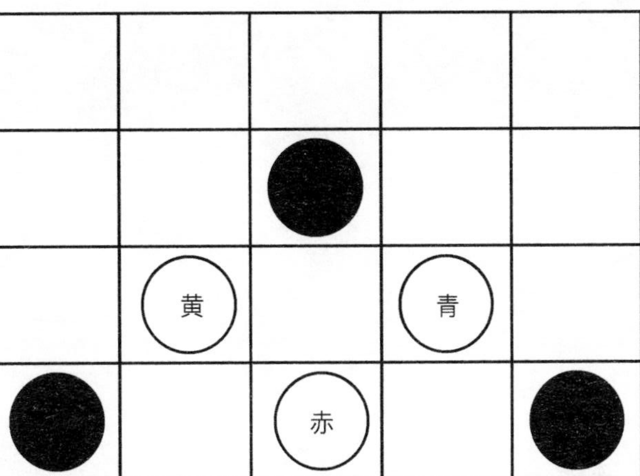

⑩

問題４－１

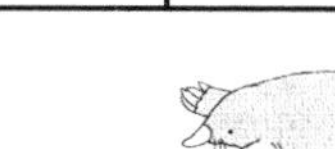

問題4－2

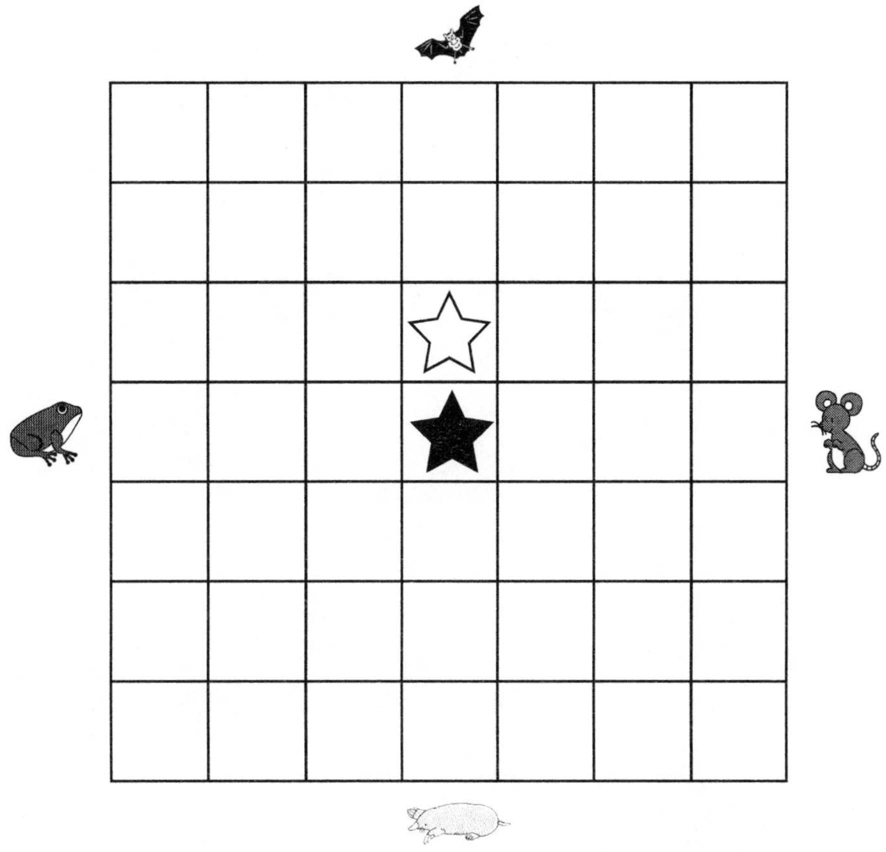

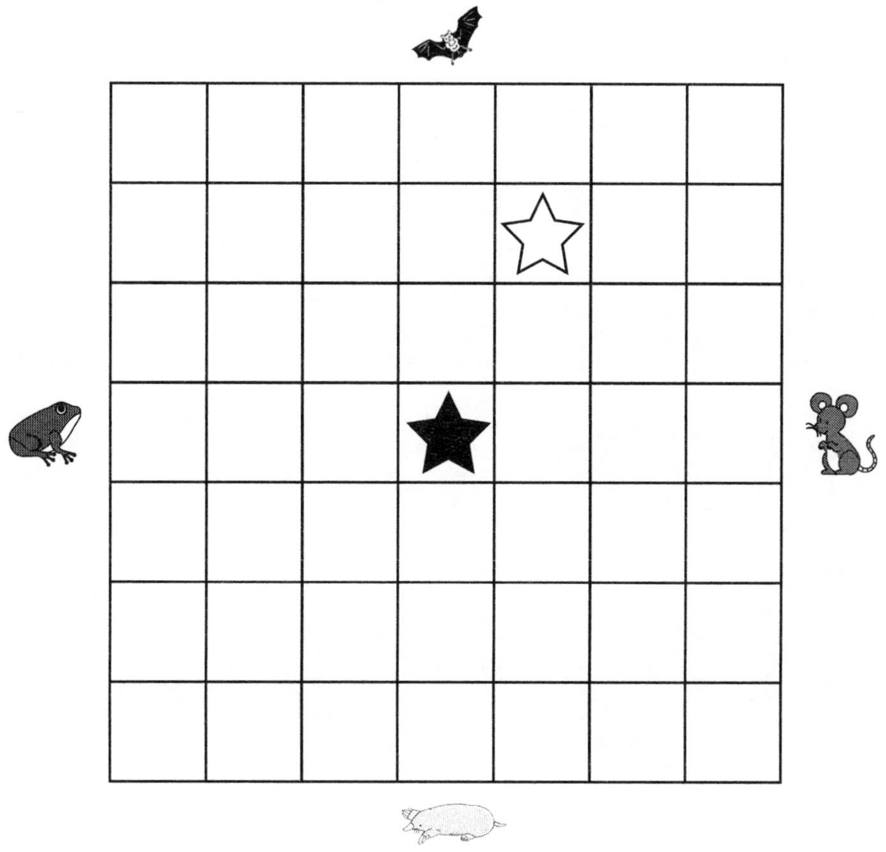

問題5

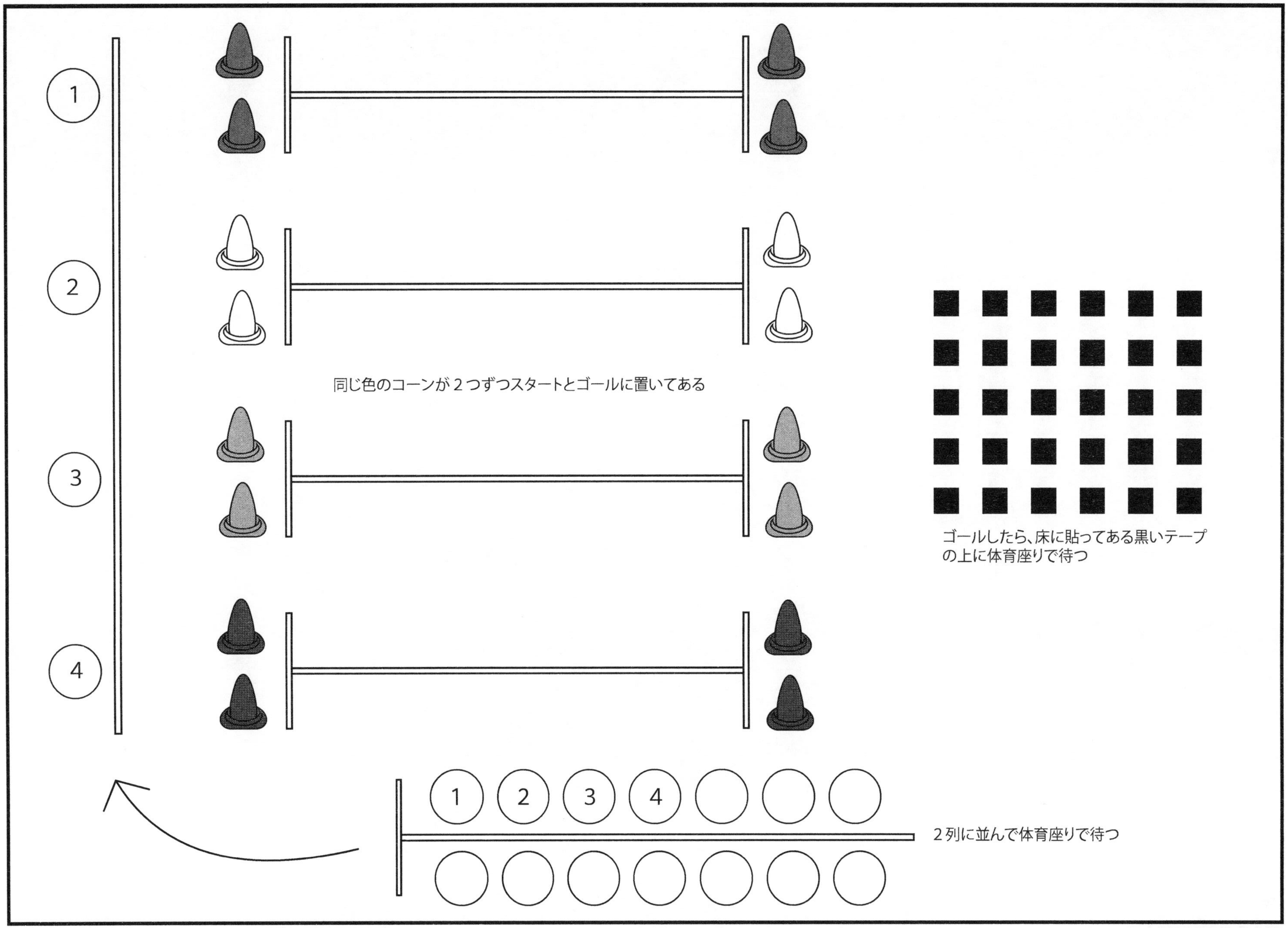

1
2
3
4

同じ色のコーンが２つずつスタートとゴールに置いてある

ゴールしたら、床に貼ってある黒いテープの上に体育座りで待つ

1 2 3 4

２列に並んで体育座りで待つ

問題１０－１

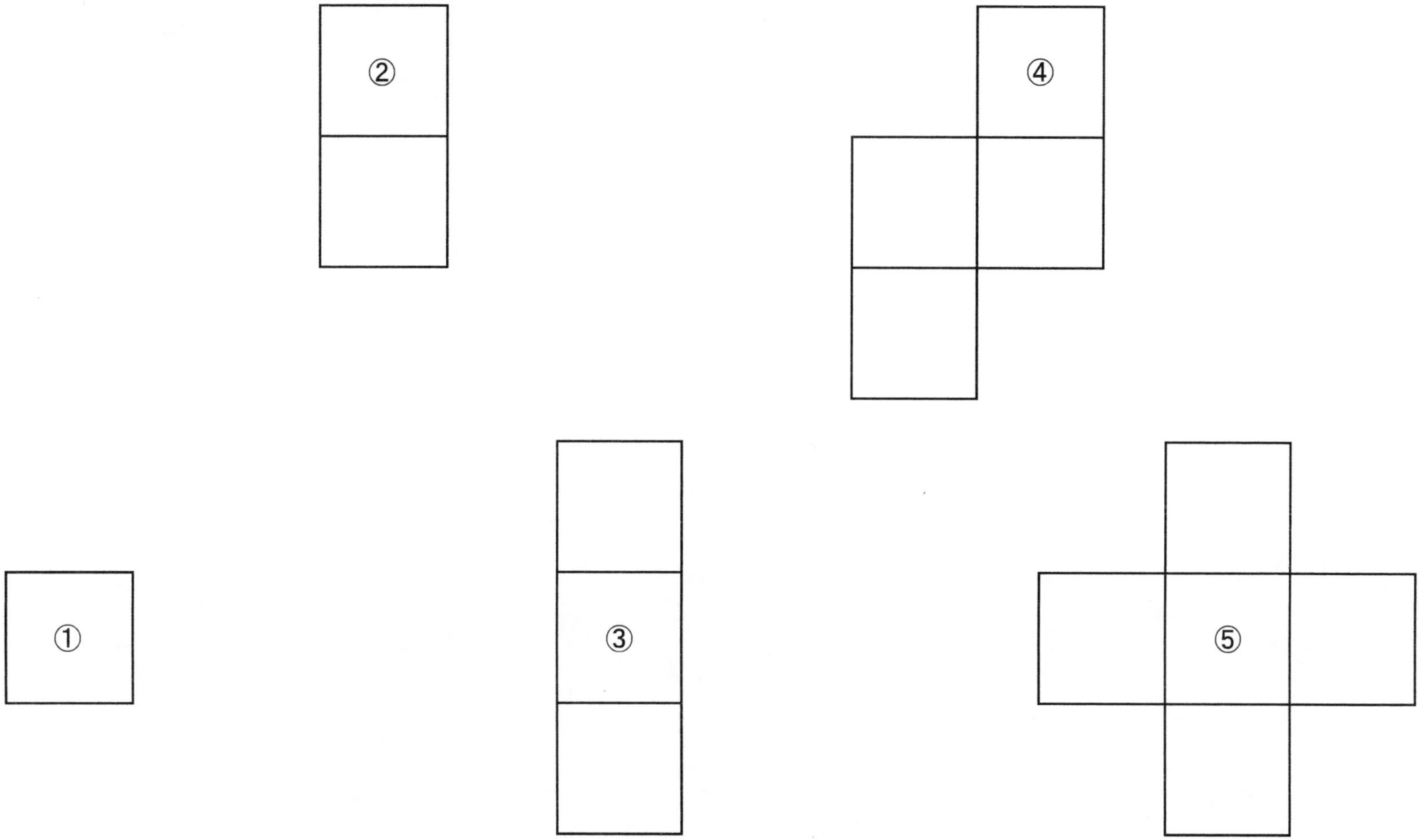

②

④

①

③

⑤

問題１０－２

①

②

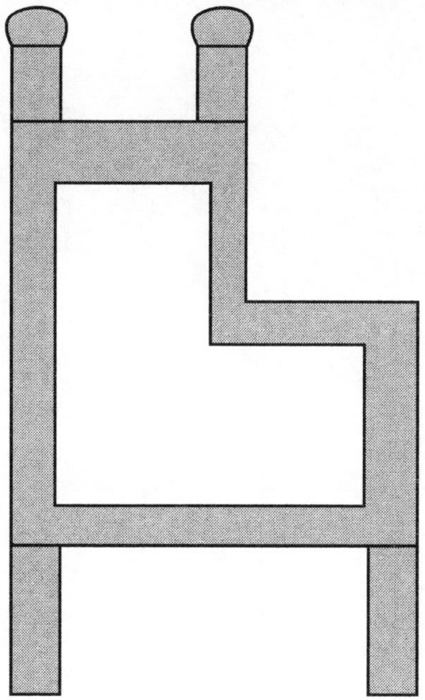

③

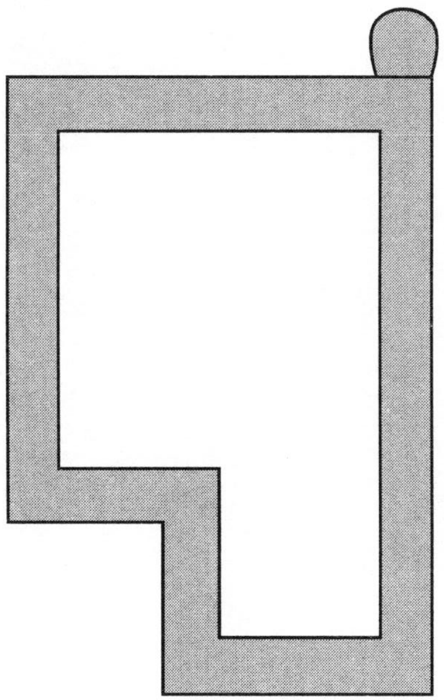

問題１０－３

④

⑤

日本学習図書株式会社

問題１０－４

⑥

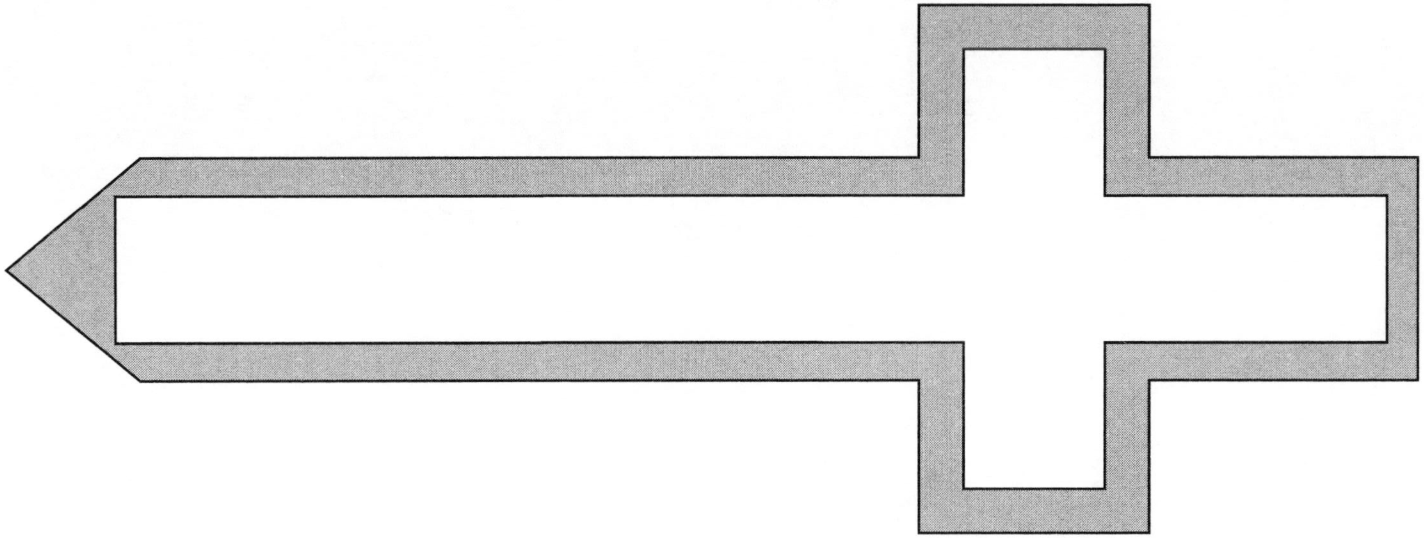

⑦

問題１１－１

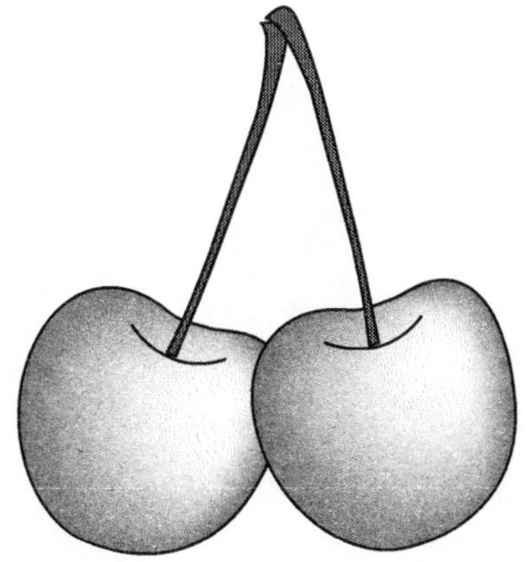

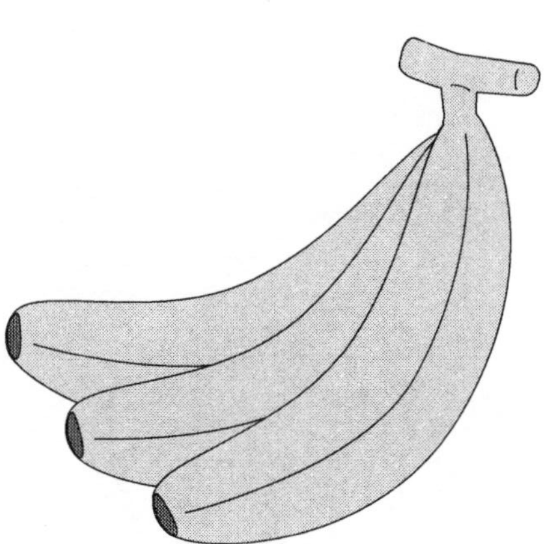

日本学習図書株式会社

問題１１－２

①

赤　黄　紫

②

赤　黄　紫

③

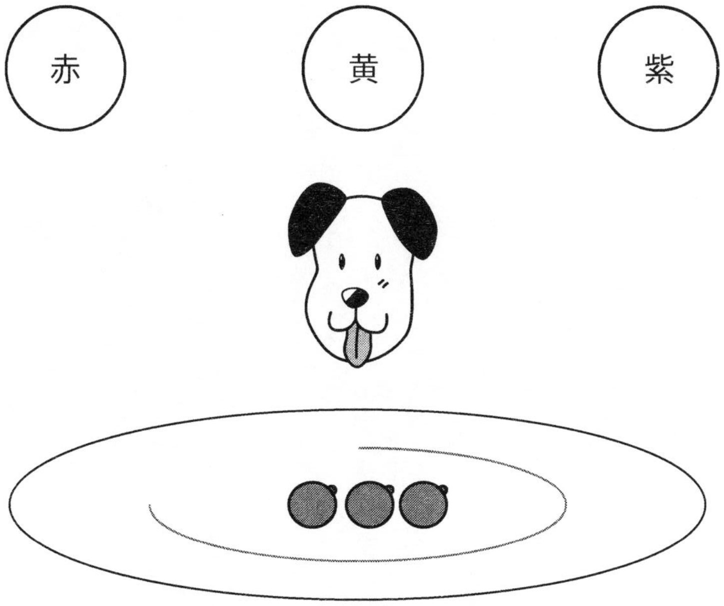

赤　黄　紫

④

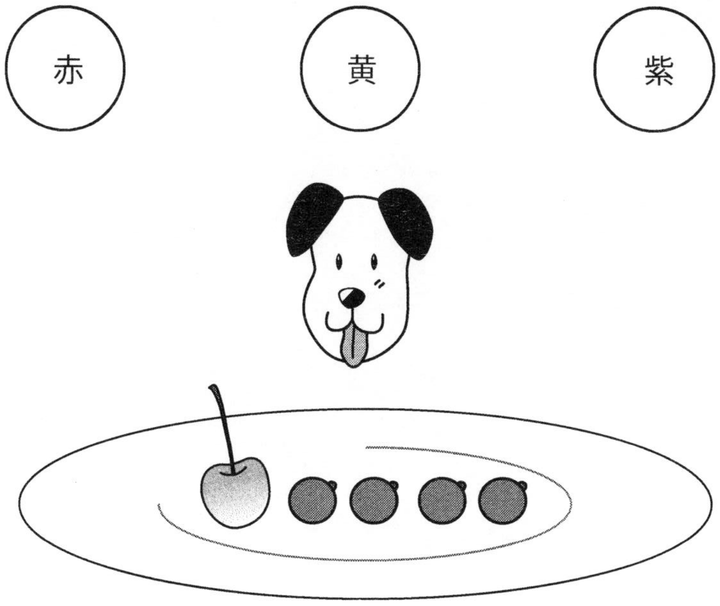

赤　黄　紫

日本学習図書株式会社

問題11－3

★お手本

赤　黄　紫

?　?

⑥

赤　黄　紫

?

⑦

赤　黄　紫

?　?

⑧

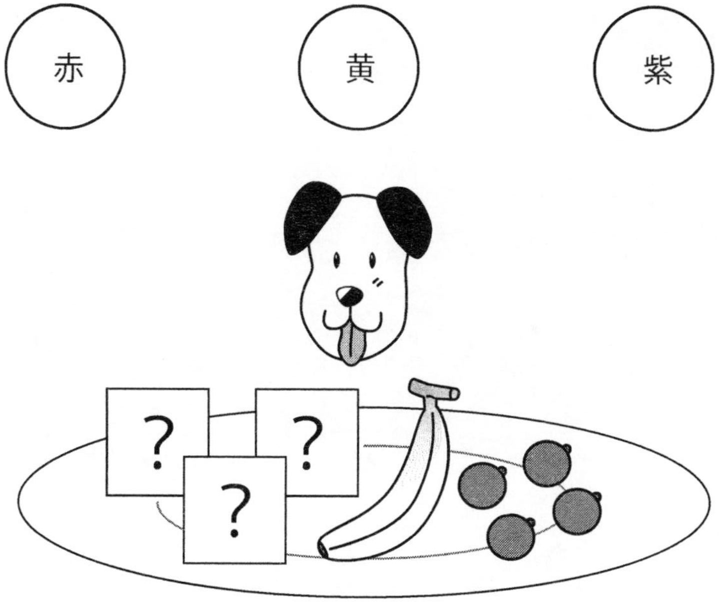

赤　黄　紫

?　?　?

問題１２－１

問題１２－２

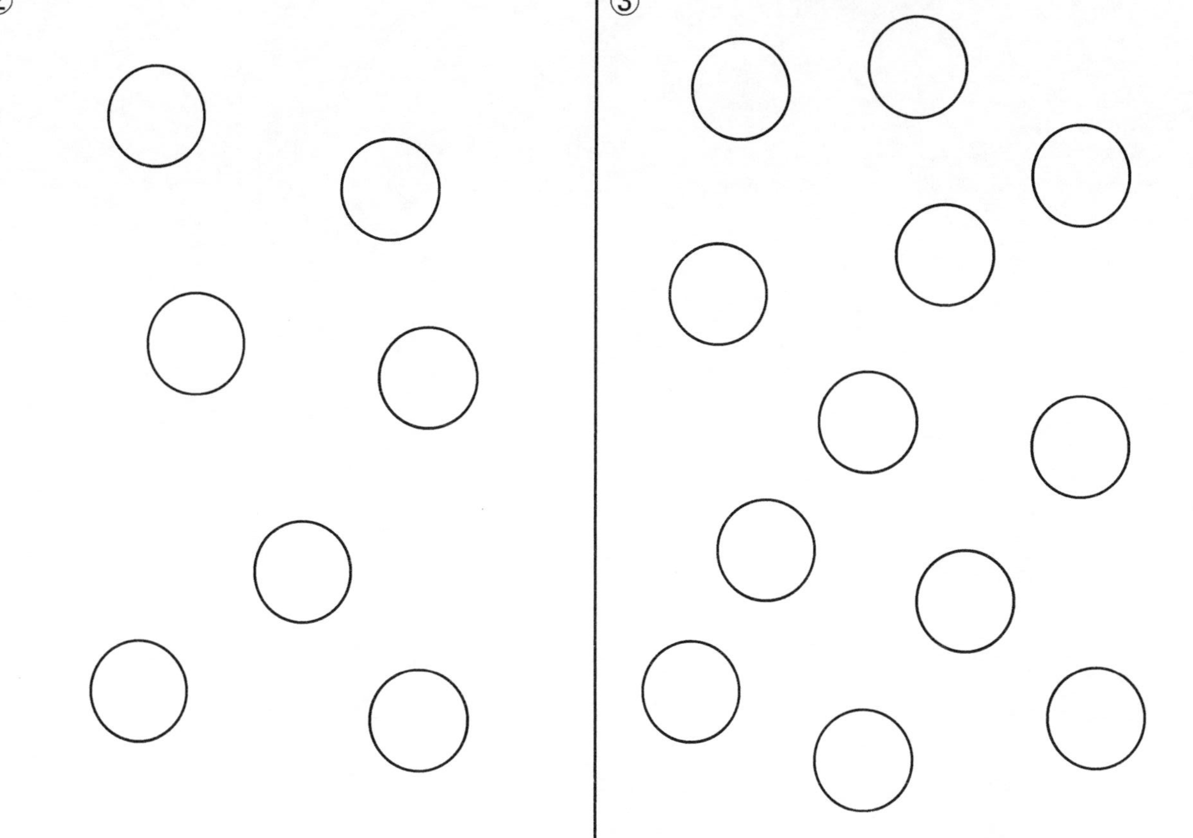

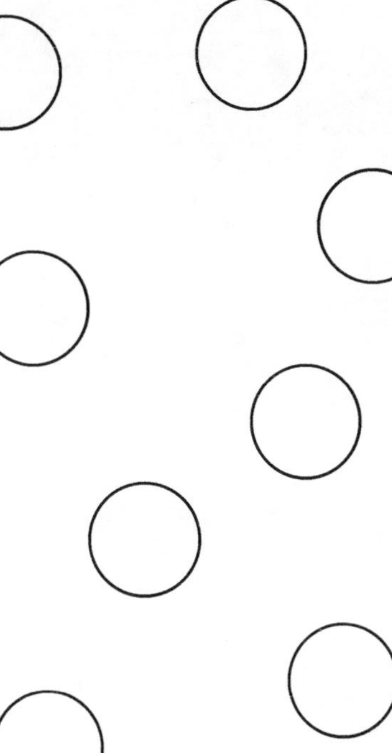

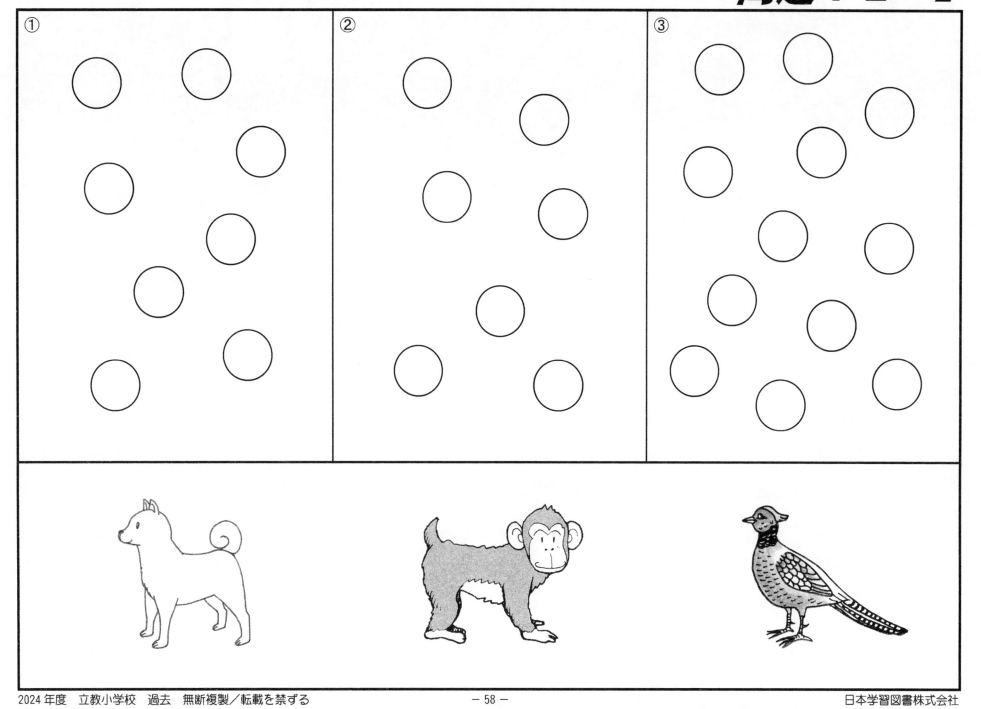

問題18－1

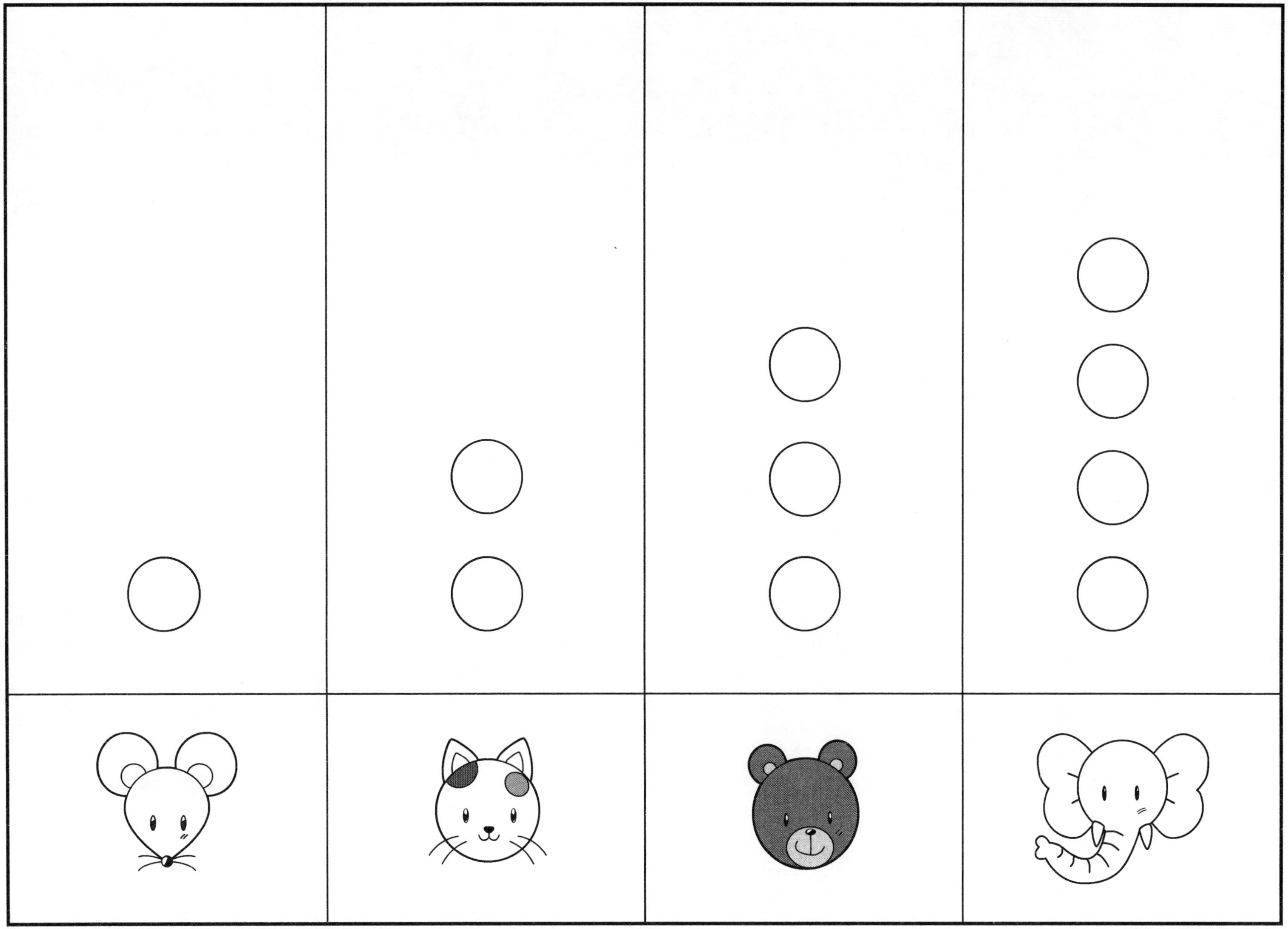

問題１８－２

　

日本学習図書株式会社

問題１８－３

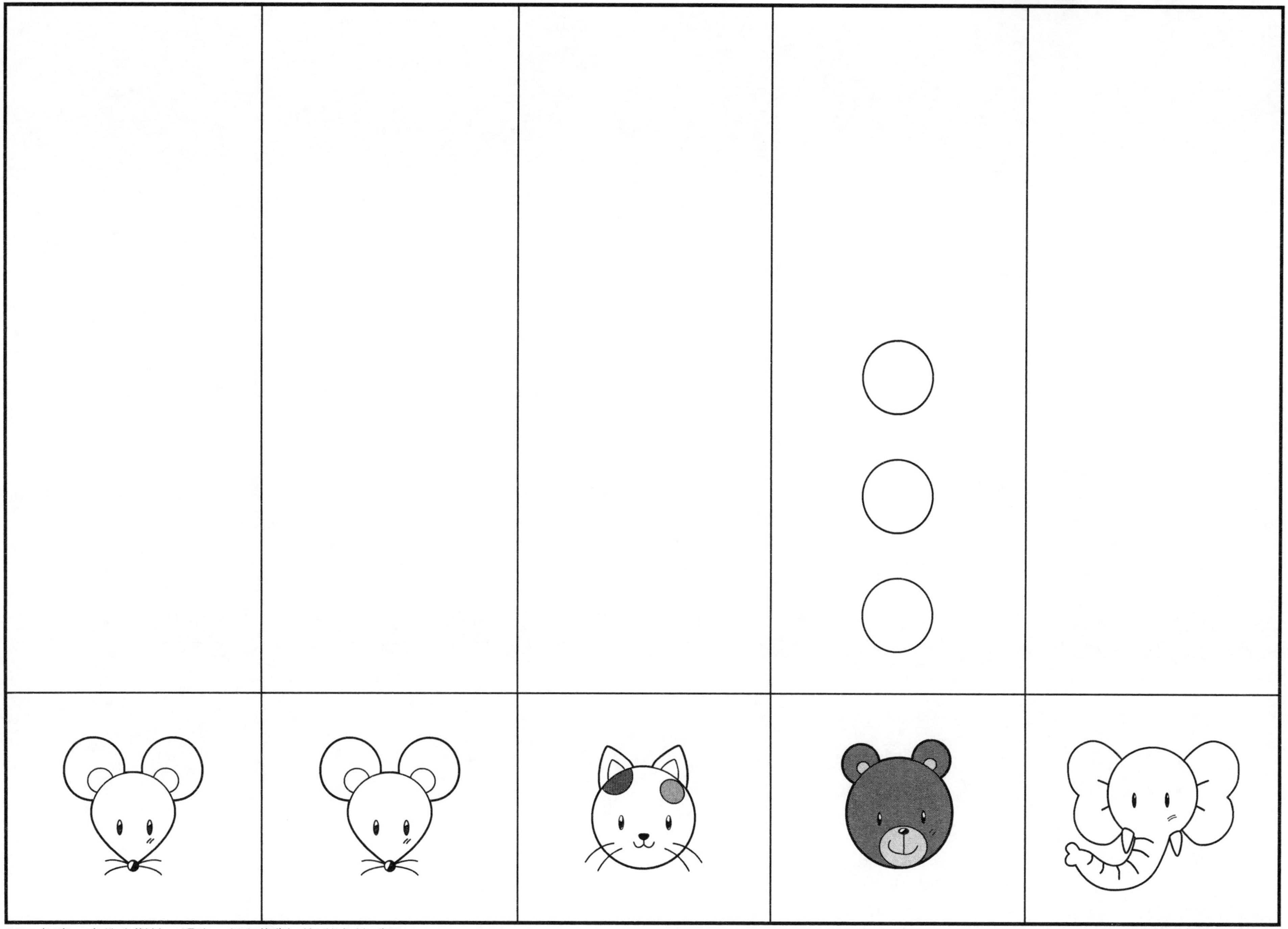

問題19－1

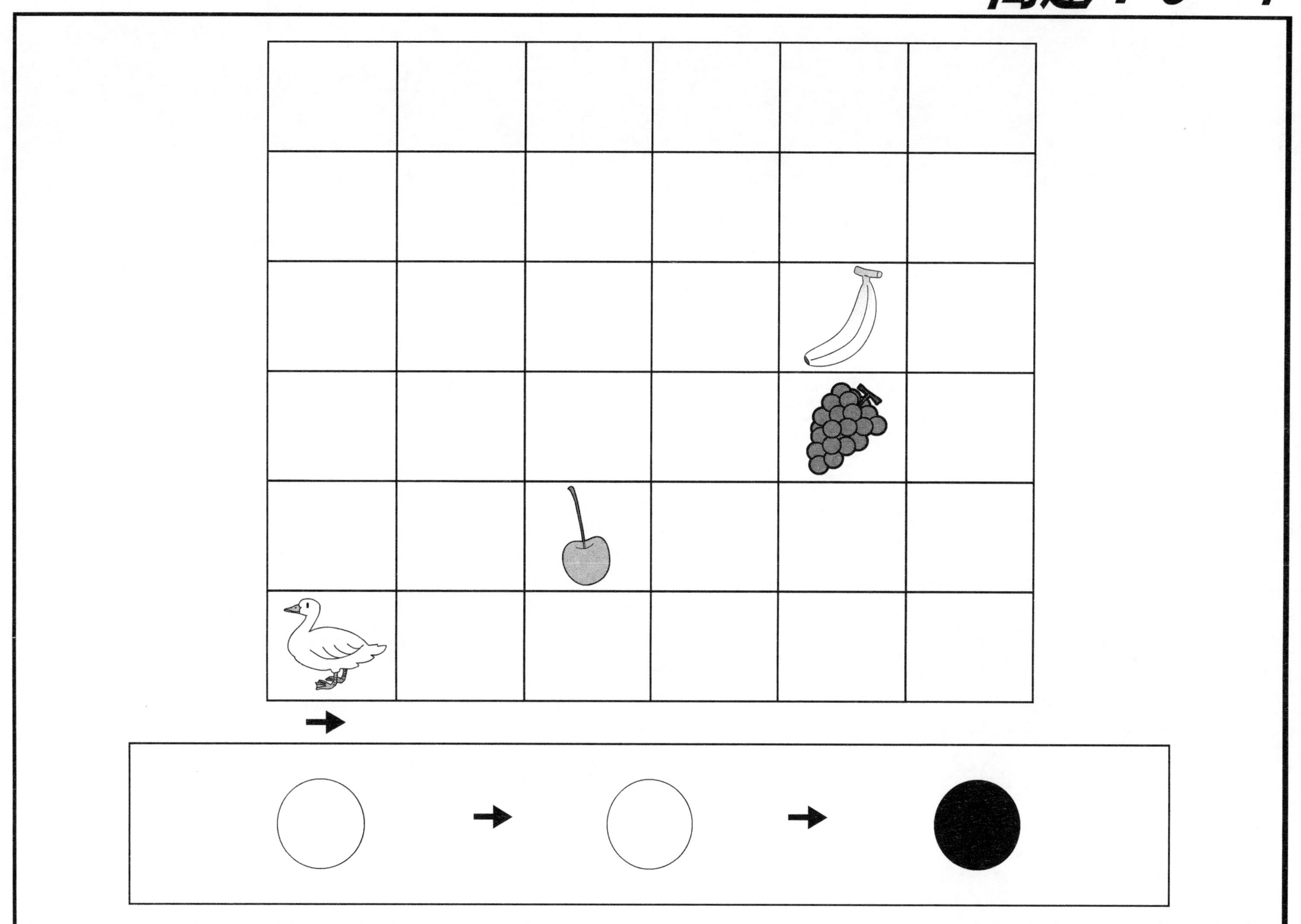

問題１９－２

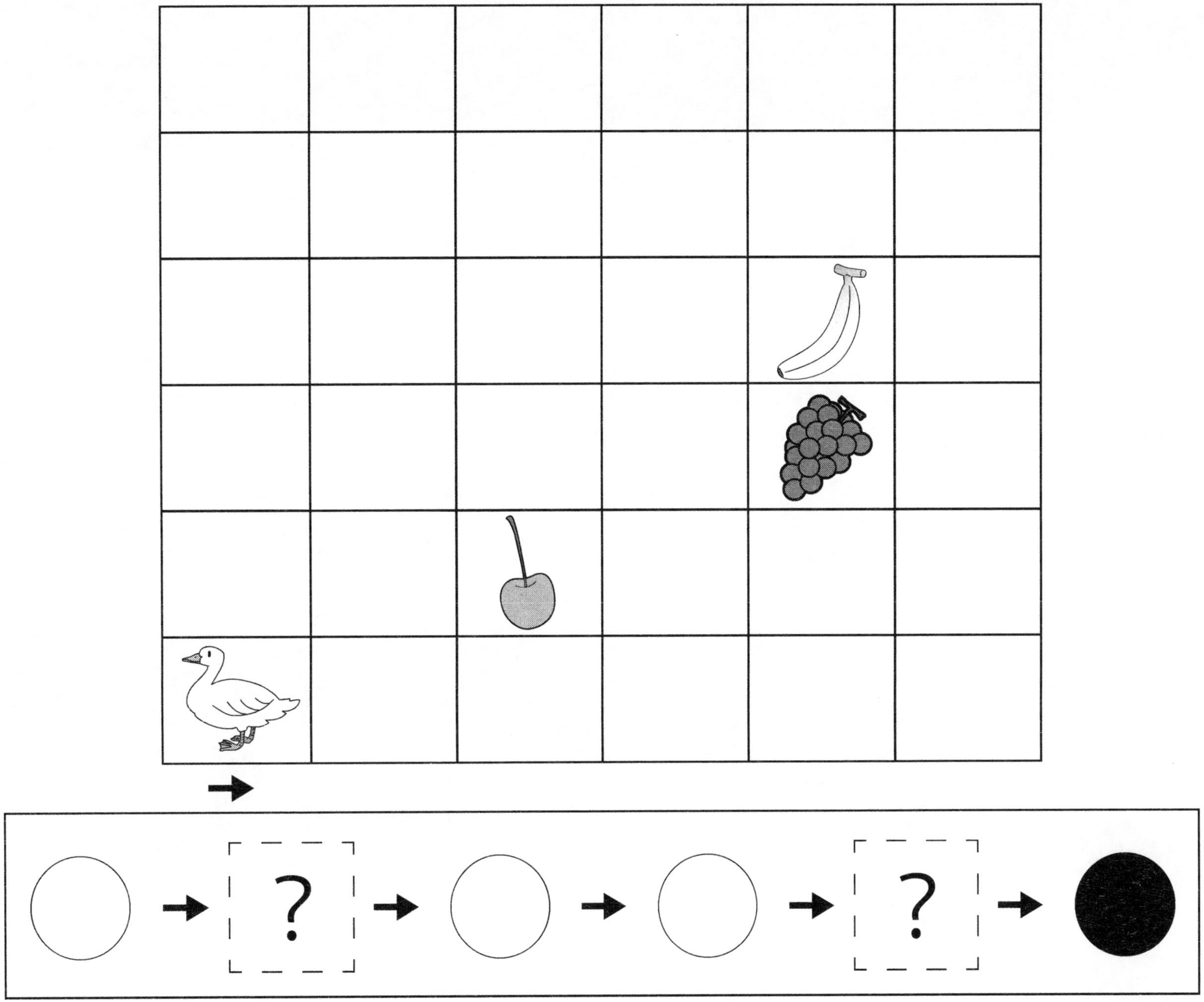

? ?

問題19－3

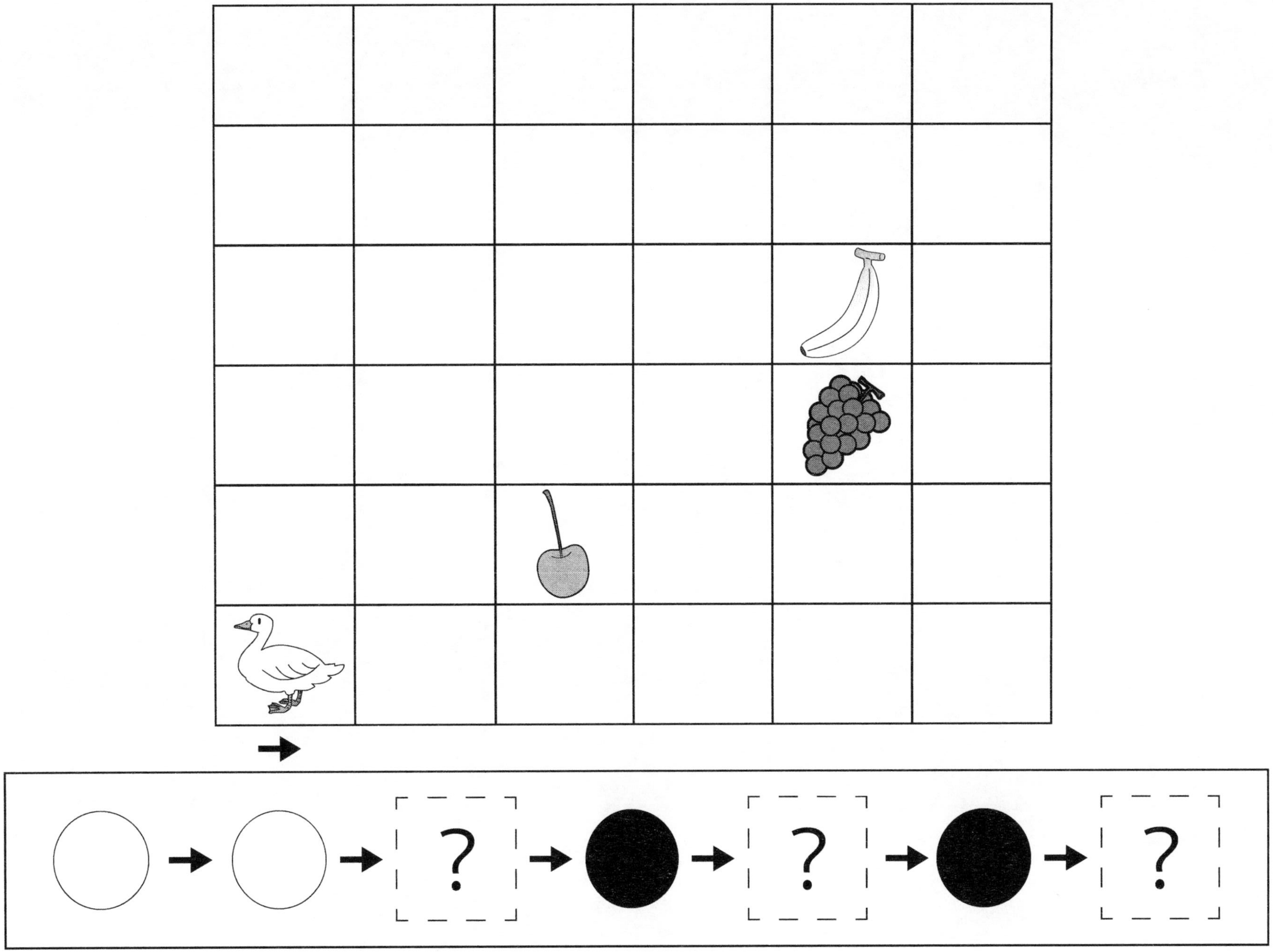

？ ？ ？

問題26－1

問題26－2

問題２６－３

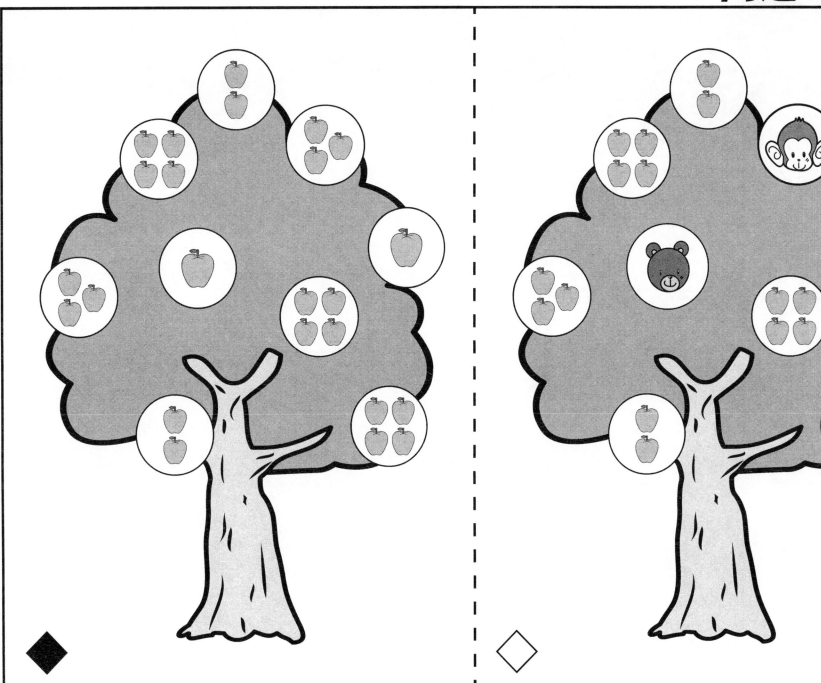

問題27－1

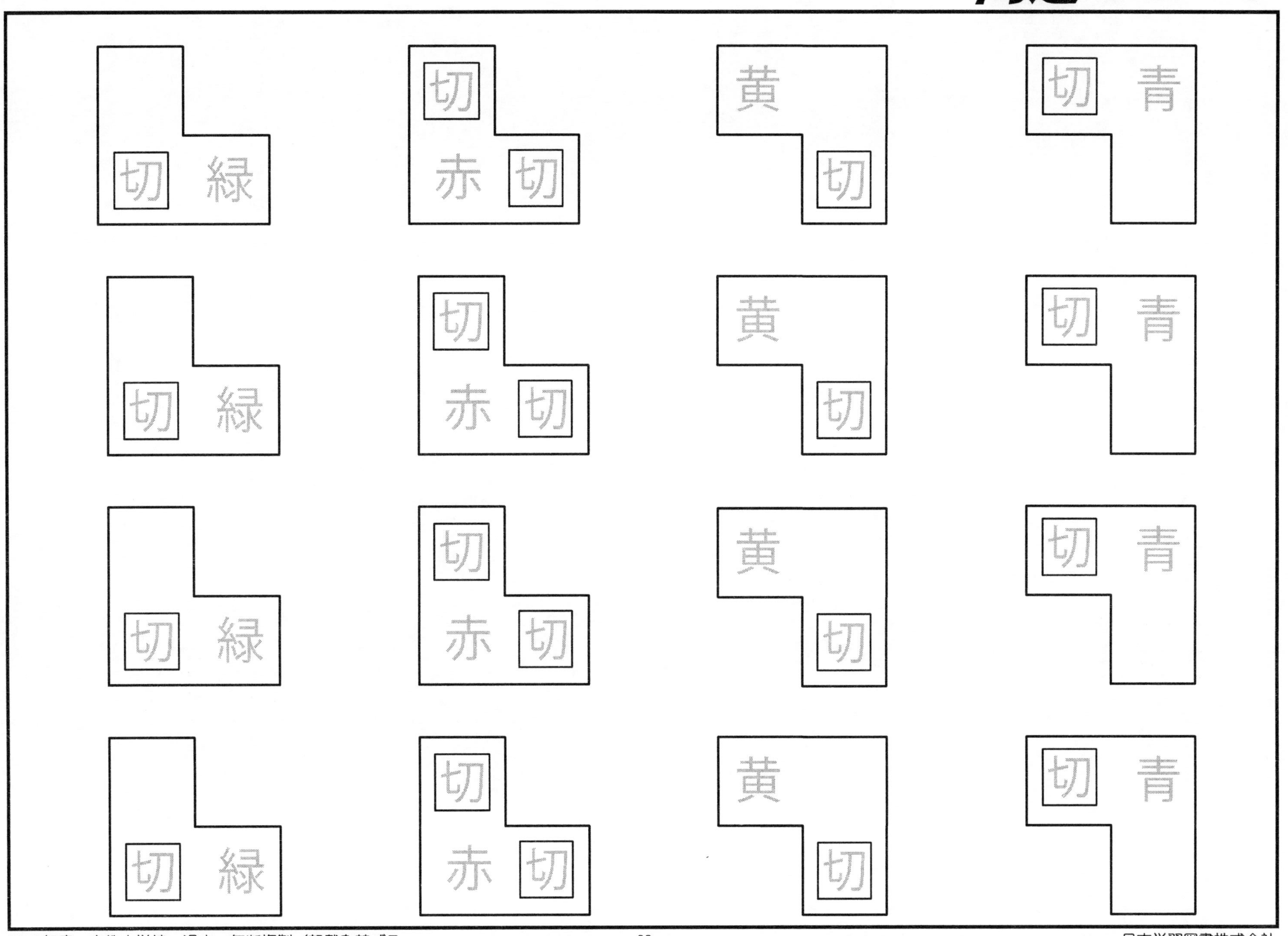

問題２７－２

①

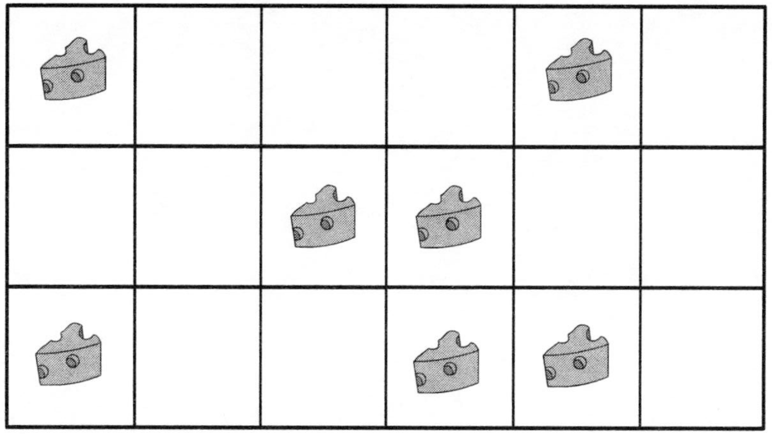

②

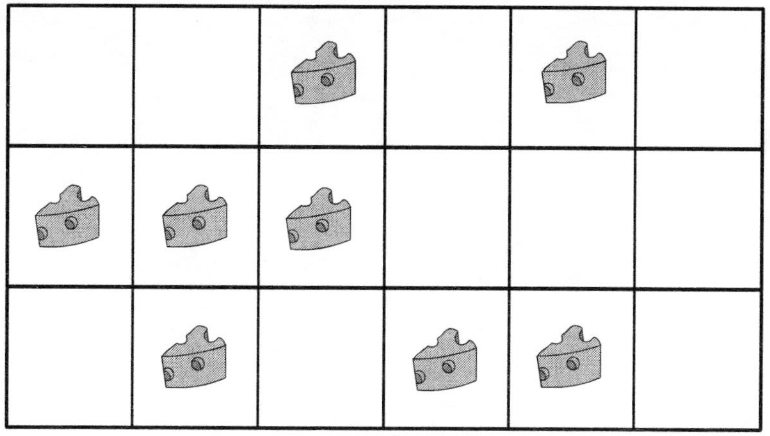

③

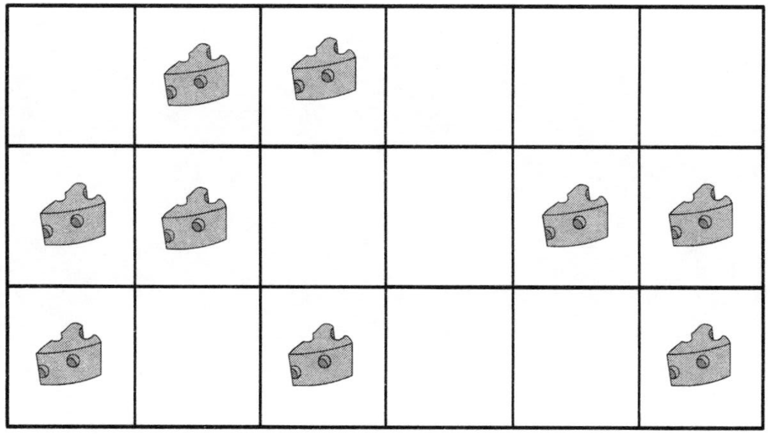

④

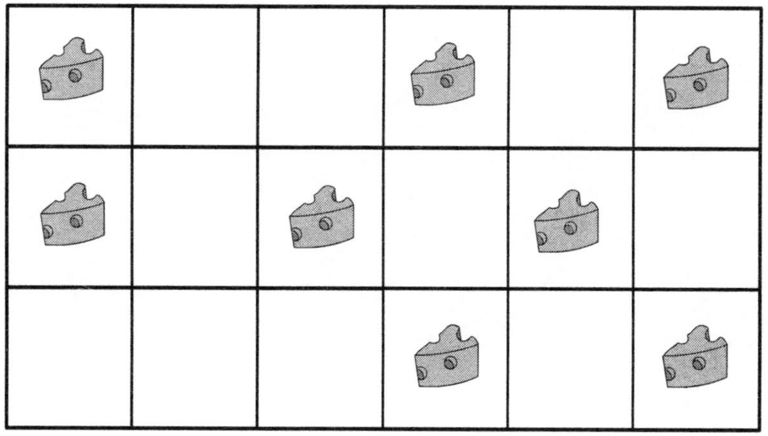

問題31

問題32

問題３４－１

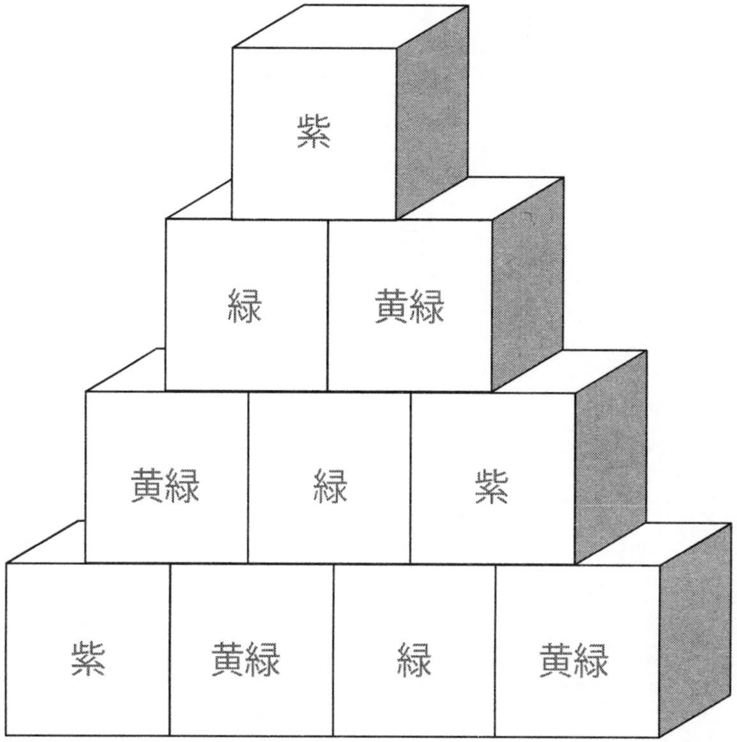

紫
緑　黄緑
黄緑　緑　紫
紫　黄緑　緑　黄緑

日本学習図書株式会社

問題３４－２

問題35－1

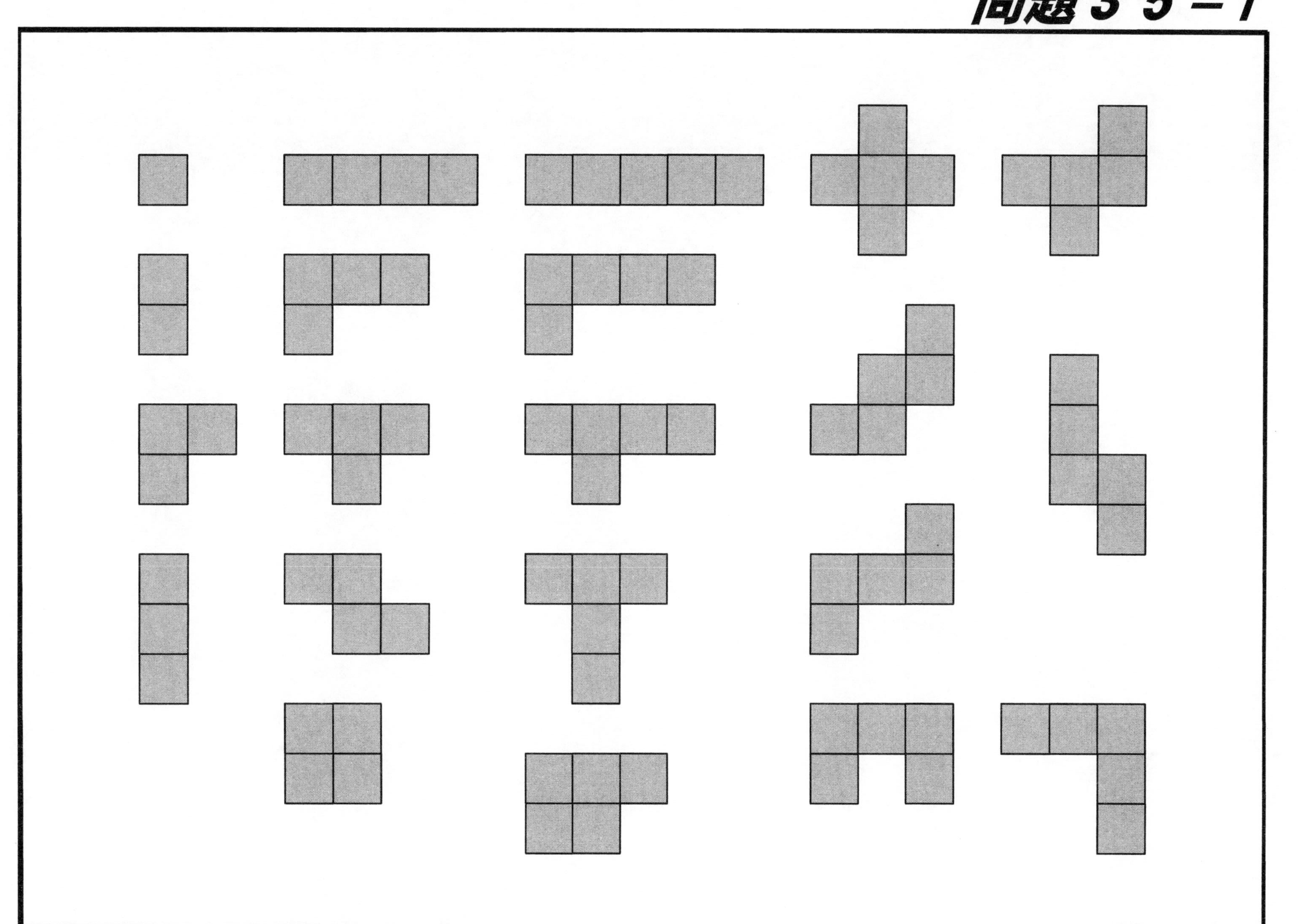

問題３５－２

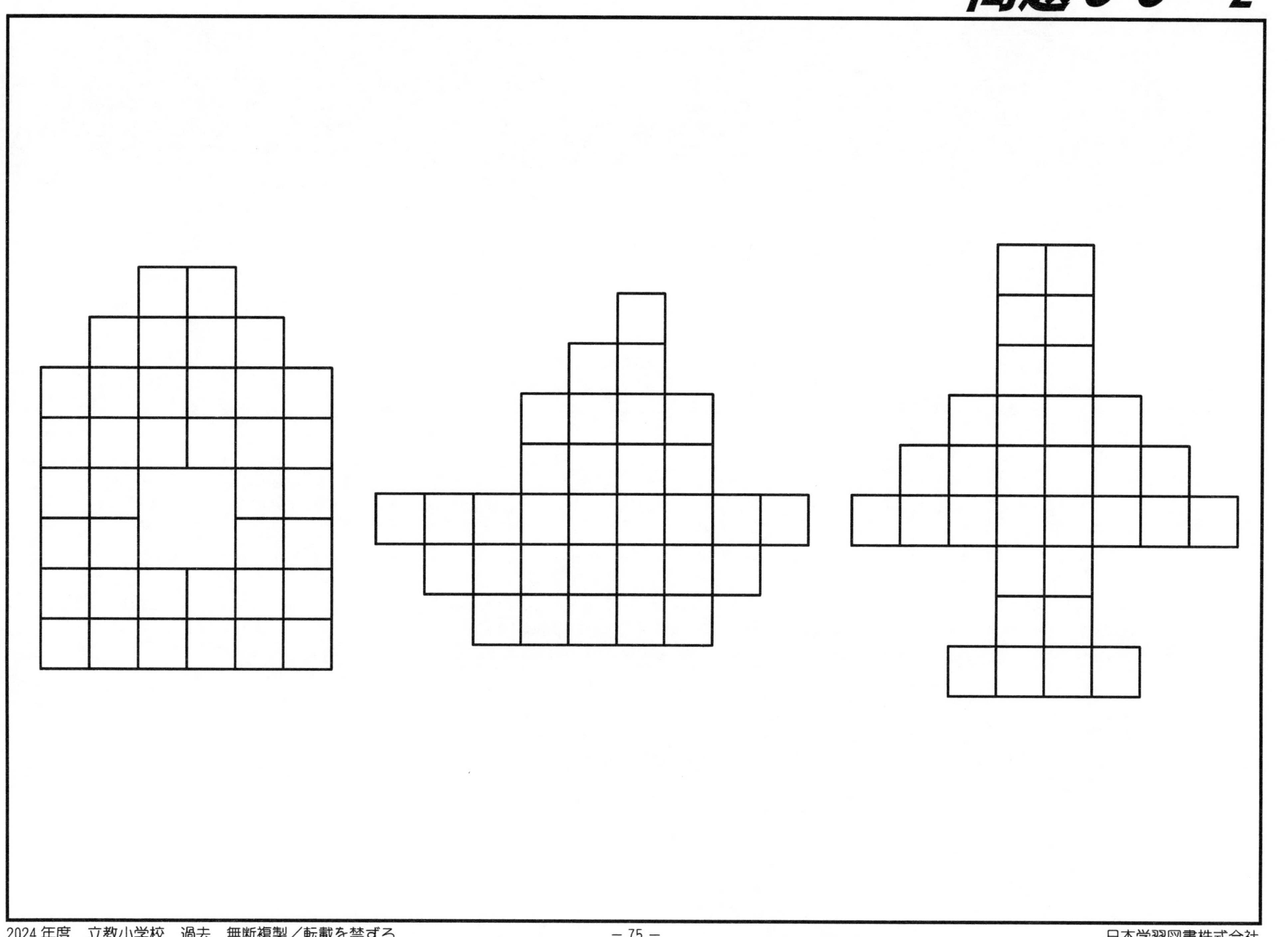

問題38

黄	黄	赤
オレンジ	オレンジ	黄
赤	オレンジ	青

上

下

問題３９

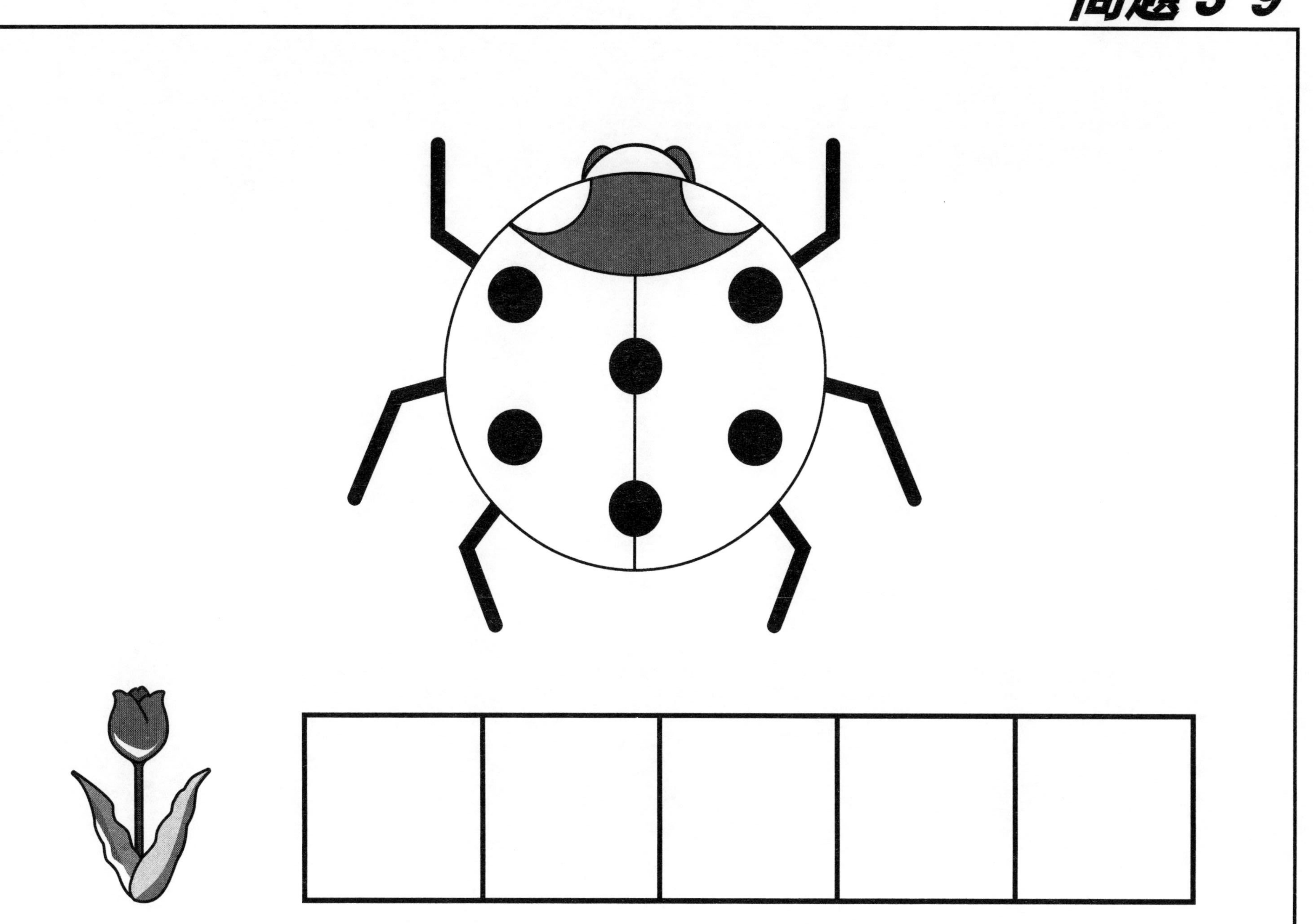

日本学習図書株式会社

問題４０

②

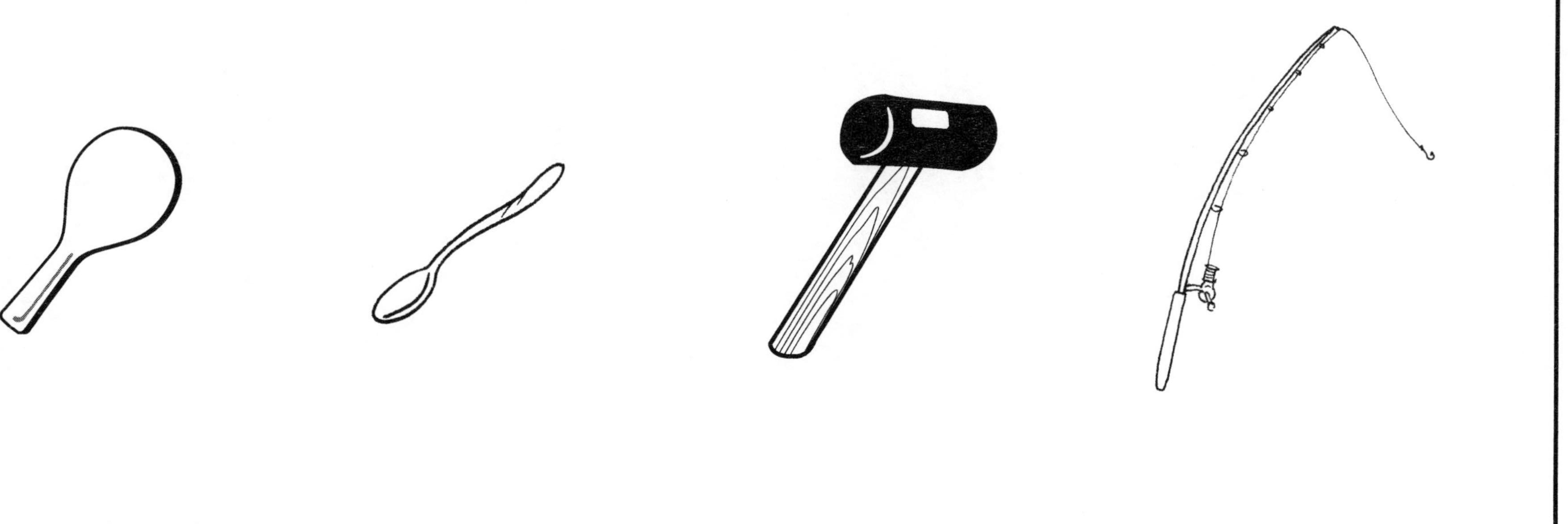

③

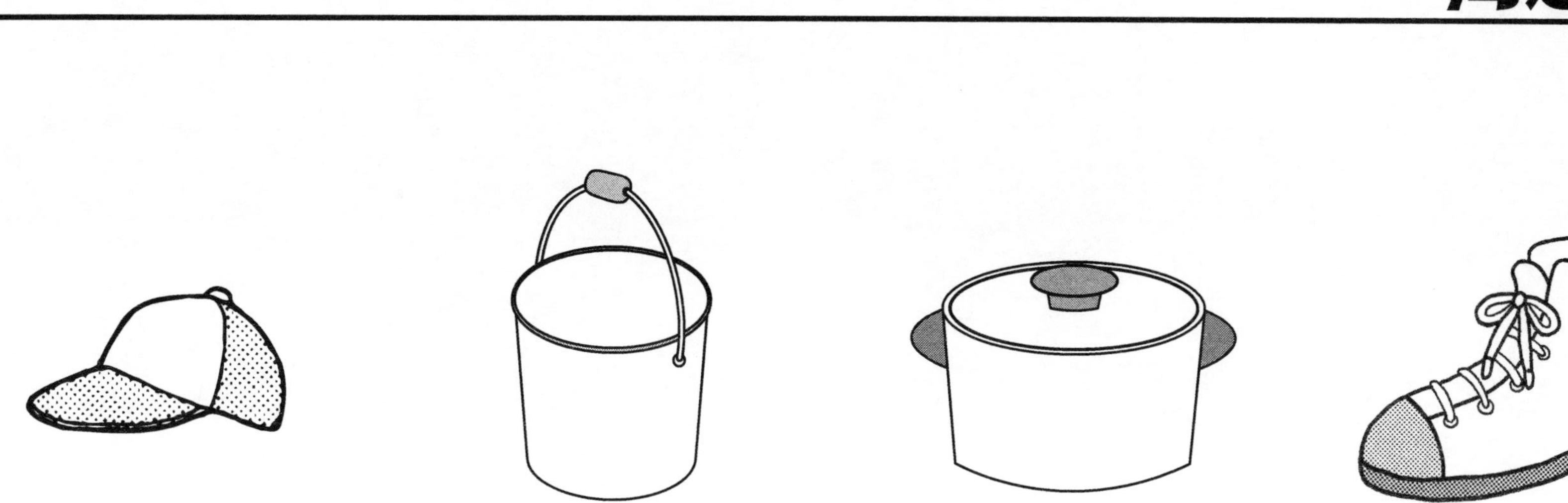

図書カード 1000 円分プレゼント

ご記入日 令和　　年　　月　　日

☆国・私立小学校受験アンケート☆

※可能な範囲でご記入下さい。選択肢は〇で囲んで下さい。

〈小学校名〉＿＿＿＿＿＿＿＿＿＿＿＿　〈お子さまの性別〉男・女　〈誕生月〉＿＿月

〈その他の受験校〉（複数回答可）＿＿＿＿＿＿＿＿＿＿＿＿＿＿＿＿

〈受験日〉①：＿＿月＿＿日　〈時間〉＿＿時＿＿分　～　＿＿時＿＿分

②：＿＿月＿＿日　〈時間〉＿＿時＿＿分　～　＿＿時＿＿分

〈受験者数〉男女計＿＿名（男子＿＿名　女子＿＿名）

〈お子さまの服装〉＿＿＿＿＿＿＿＿＿＿＿＿

〈入試全体の流れ〉（記入例）準備体操→行動観察→ペーパーテスト

＿＿＿＿＿＿＿＿＿＿＿＿＿＿＿＿＿＿＿＿

Eメールによる情報提供

日本学習図書では、Eメールでも入試情報を募集しております。

下記のアドレスに、アンケートの内容をご入力の上、メールをお送り下さい。

ojuken@nichigaku.jp

●行動観察　（例）好きなおもちゃで遊ぶ・グループで協力するゲームなど

〈実施日〉＿＿月＿＿日　〈時間〉＿＿時＿＿分　～　＿＿時＿＿分　〈着替え〉□有　□無

〈出題方法〉□肉声　□録音　□その他（　　　　　）　〈お手本〉□有　□無

〈試験形態〉□個別　□集団（　　　人程度）　〈会場図〉

〈内容〉

□自由遊び

＿＿＿＿＿＿＿＿＿＿＿＿＿＿＿＿

□グループ活動

＿＿＿＿＿＿＿＿＿＿＿＿＿＿＿＿

□その他

＿＿＿＿＿＿＿＿＿＿＿＿＿＿＿＿

●運動テスト（有・無）　（例）跳び箱・チームでの競争など

〈実施日〉＿＿月＿＿日　〈時間〉＿＿時＿＿分　～　＿＿時＿＿分　〈着替え〉□有　□無

〈出題方法〉□肉声　□録音　□その他（　　　　　）　〈お手本〉□有　□無

〈試験形態〉□個別　□集団（　　　人程度）　〈会場図〉

〈内容〉

□サーキット運動

□走り　□跳び箱　□平均台　□ゴム跳び

□マット運動　□ボール運動　□なわ跳び

□クマ歩き

□グループ活動＿＿＿＿＿＿＿＿＿＿＿＿

□その他＿＿＿＿＿＿＿＿＿＿＿＿

●知能テスト・口頭試問

〈実施日〉　　月　　日〈時間〉　　時　　分　〜　　時　　分〈お手本〉□有 □無

〈出題方法〉 □肉声 □録音 □その他（　　　　　　）〈問題数〉 ____枚 ____問

分野	方法	内　　　容	詳 細・イ ラ ス ト
（例） お話の記憶	☑筆記 □口頭	動物たちが待ち合わせをする話	（あらすじ） 動物たちが待ち合わせをした。最初にウサギさんが来た。次にイヌくんが、その次にネコさんが来た。最後にタヌキくんが来た。 （問題・イラスト） ３番目に来た動物は誰か
お話の記憶	□筆記 □口頭		（あらすじ） （問題・イラスト）
図形	□筆記 □口頭		
言語	□筆記 □口頭		
常識	□筆記 □口頭		
数量	□筆記 □口頭		
推理	□筆記 □口頭		
その他	□筆記 □口頭		

●制作　（例）ぬり絵・お絵かき・工作遊びなど

〈実施日〉＿＿月＿＿日〈時間〉＿＿時＿＿分＿～＿＿時＿＿分

〈出題方法〉□肉声　□録音　□その他（　　　　　　）〈お手本〉□有　□無

〈試験形態〉□個別　□集団（　　　人程度）

材料・道具	制作内容
□ハサミ □のり（□つぼ □液体 □スティック） □セロハンテープ □鉛筆 □クレヨン（　色） □クーピーペン（　色） □サインペン（　色）□ □画用紙（□ A4 □ B4 □ A3 □その他：　　　　　） □折り紙 □新聞紙 □粘土 □その他（　　　　　　）	□切る　□貼る　□塗る　□ちぎる　□結ぶ　□描く　□その他（　　　　　） タイトル：＿＿＿＿＿＿＿＿＿＿＿＿

●面接

〈実施日〉＿＿月＿＿日〈時間〉＿＿時＿＿分＿～＿＿時＿＿分〈面接担当者〉＿＿名

〈試験形態〉□志願者のみ（　　）名　□保護者のみ　□親子同時　□親子別々

〈質問内容〉

□志望動機　□お子さまの様子

□家庭の教育方針

□志望校についての知識・理解

□その他（　　　　　　　　　　　）

（詳　細）

・

・

・

・

※試験会場の様子をご記入下さい。

例

校長先生　教頭先生

父　子　母

出入口

●保護者作文・アンケートの提出（有・無）

〈提出日〉□面接直前　□出願時　□志願者考査中　□その他（　　　　　　　）

〈下書き〉□有　□無

〈アンケート内容〉

（記入例）当校を志望した理由はなんですか（150 字）

●説明会（□有　□無）〈開催日〉＿＿月＿＿日〈時間〉＿＿時＿＿分～＿＿時＿＿分

〈上履き〉　□要　□不要　〈願書配布〉　□有　□無　〈校舎見学〉　□有　□無

〈ご感想〉

●参加された学校行事（複数回答可）

公開授業〈開催日〉＿＿月＿＿日〈時間〉＿＿時＿＿分～＿＿時＿＿分

運動会など〈開催日〉＿＿月＿＿日〈時間〉＿＿時＿＿分～＿＿時＿＿分

学習発表会・音楽会など〈開催日〉＿＿月＿＿日〈時間〉＿＿時＿＿分～＿＿時＿＿分

〈ご感想〉

※是非参加したほうがよいと感じた行事について

●受験を終えてのご感想、今後受験される方へのアドバイス

※対策学習（重点的に学習しておいた方がよい分野）、当日準備しておいたほうがよい物など

＊＊＊＊＊＊＊＊＊＊＊＊　ご記入ありがとうございました　＊＊＊＊＊＊＊＊＊＊＊＊

必要事項をご記入の上、ポストにご投函ください。

なお、本アンケートの送付期限は入試終了後３ヶ月とさせていただきます。また、入試に関する情報の記入量が当社の基準に満たない場合、謝礼の送付ができないことがございます。あらかじめご了承ください。

ご住所：〒＿＿＿＿＿＿＿＿＿＿＿＿＿＿＿＿＿＿＿＿

お名前：＿＿＿＿＿＿＿＿＿＿　メール：＿＿＿＿＿＿＿＿＿＿

ＴＥＬ：＿＿＿＿＿＿＿＿＿＿　ＦＡＸ：＿＿＿＿＿＿＿＿＿＿

アンケートのご記入ありがとうございました

ご記入頂いた個人に関する情報は、当社にて厳重に管理致します。弊社の個人情報取り扱いに関する詳細は、www.nichigaku.jp/policy.php の「個人情報の取り扱い」をご覧下さい。

分野別 小学入試練習帳 ジュニアウォッチャー

1．点・線図形	小学校入試で出題頻度の高い『点・線図形』の模写を、難易度の低いものから段階別に幅広く練習することができるように構成。
2．座標	図形の位置模写という作業を、難易度の低いものから段階別に練習できるように構成。
3．パズル	様々なパズルの問題を難易度の低いものから段階別に練習できるように構成。
4．同図形探し	小学校入試で出題頻度の高い、同図形選びの問題を繰り返し練習できるように構成。
5．回転・展開	図形などを回転、または展開したとき、形がどのように変化するかを学習し、理解を深められるように構成。
6．系列	数、図形などの様々な系列問題を、難易度の低いものから段階別に練習できるように構成。
7．迷路	迷路の問題を繰り返し練習できるように構成。
8．対称	対称に関する問題を４つのテーマに分類し、各テーマごとに問題を段階別に練習できるように構成。
9．合成	図形の合成に関する問題を、難易度の低いものから段階別に練習できるように構成。
10. 四方からの観察	もの（立体）を様々な角度から見て、どのように見えるかを推理する問題を段階別に整理し、１つの形式で複数の問題を練習できるように構成。
11. いろいろな仲間	ものや動物、植物の共通点を見つけ、分類していく問題を中心に構成。
12. 日常生活	日常生活における様々な問題を６つのテーマに分類し、各テーマごとに一つの問題形式で複数の問題を練習できるように構成。
13. 時間の流れ	『時間』に着目し、様々なものごとは、時間が経過するとどのように変化するのかということを学習し、理解できるように構成。
14. 数える	様々なものを『数える』ことから、数の多少の判定やかけ算、わり算の基礎までを練習できるように構成。
15. 比較	比較に関する問題を５つのテーマ（数、高さ、長さ、量、重さ）に分類し、各テーマごとに問題を段階別に練習できるように構成。
16. 積み木	数える対象を積み木に限定した問題集。
17. 言葉の音遊び	言葉の音に関する問題を５つのテーマに分類し、各テーマごとに問題を段階別に練習できるように構成。
18. いろいろな言葉	表現力をより豊かにするいろいろな言葉として、擬態語や擬声語、同音異義語、反意語、数詞を取り上げた問題集。
19. お話の記憶	お話を聴いてその内容を記憶、理解し、設問に答える形式の問題集。
20. 見る記憶・聴く記憶	「見て憶える」「聴いて憶える」という『記憶』分野に特化した問題集。
21. お話作り	いくつかの絵を元にしてお話を作る練習をして、想像力を養うことができるように構成。
22. 想像画	描かれてある形や景色に好きな絵を描くことにより、想像力を養うことができるように構成。
23. 切る・貼る・塗る	小学校入試で出題頻度の高い、はさみやのりなどを用いた巧緻性の問題を繰り返し練習できるように構成。
24• 絵画	小学校入試で出題頻度の高い、お絵かきやぬり絵などクレヨンやクーピーペンを用いた巧緻性の問題を繰り返し練習できるように構成。
25. 生活巧緻性	小学校入試で出題頻度の高い日常生活の様々な場面における巧緻性の問題集。
26. 文字・数字	ひらがなの清音、濁音、拗音、拗長音、促音と１〜20までの数字に焦点を絞り、練習できるように構成。
27. 理科	小学校入試で出題頻度が高くなりつつある理科の問題を集めた問題集。
28. 運動	出題頻度の高い運動問題を種目別に分けて構成。
29. 行動観察	項目ごとに問題提起をし、「このような時はどうか、あるいはどう対処するのか」の観点から問いかける形式の問題集。
30. 生活習慣	学校から家庭に提起された問題と思って、一問一問絵を見ながら話し合い、考える形式の問題集。
31. 推理思考	数、量、言語、常識（含理科、一般）など、諸々のジャンルから問題を構成し、近年の小学校入試問題傾向に沿って構成。
32. ブラックボックス	箱や筒の中を通ると、どのようなお約束でどのように変化するかを推理・思考する問題集。
33. シーソー	重さの違うものをシーソーに乗せた時どちらに傾くのか、またどうすればシーソーは釣り合うのかを思考する基礎的な問題集。
34. 季節	様々な行事や植物などを季節別に分類できるように知識をつける問題集。
35. 重ね図形	小学校入試で頻繁に出題されている「図形を重ね合わせてできる形」についての問題を集めました。
36. 同数発見	様々な物を数え「同じ数」を発見し、数の多少の判断や数の認識の基礎を学べるように構成した問題集。
37. 選んで数える	数の学習の基本となる、いろいろなものの数を正しく数える学習を行う問題集。
38. たし算・ひき算１	数字を使わず、たし算とひき算の基礎を身につけるための問題集。
39. たし算・ひき算２	数字を使わず、たし算とひき算の基礎を身につけるための問題集。
40. 数を分ける	数を等しく分ける問題です。等しく分けたときに余りが出るものもあります。
41. 数の構成	ある数がどのような数で構成されているか学んでいきます。
42. 一対多の対応	一対一の対応から、一対多の対応まで、かけ算の考え方の基礎学習を行います。
43. 数のやりとり	あげたり、もらったり、数の変化をしっかりと学びます。
44. 見えない数	指定された条件から数を導き出します。
45. 図形分割	図形の分割に関する問題集。パズルや合成の分野にも通じる様々な問題を集めました。
46. 回転図形	「回転図形」に関する問題集。やさしい問題から始め、いくつかの代表的なパターンから、段階を踏んで学習できるよう編集されています。
47. 座標の移動	「マス目の指示通りに移動する問題」と「指示された数だけ移動する問題」を収録。
48. 鏡図形	鏡で左右反転させた時の見え方を考えます。平面図形から立体図形、文字、絵まで。
49. しりとり	すべての学習の基礎となる「言葉」を学ぶこと、特に「語彙」を増やすことに重点をおき、さまざまなタイプの「しりとり」問題を集めました。
50. 観覧車	観覧車やメリーゴーラウンドなどを舞台にした「回転系列」の問題集。「推理思考」分野の問題ですが、要素として「図形」や「数量」も含みます。
51. 運筆①	鉛筆の持ち方を学び、点線なぞり、お手本を見ながらの模写で、線を引く練習をします。
52. 運筆②	運筆①からさらに発展し、「欠所補完」や「迷路」などを楽しみながら、より複雑な鉛筆運びを習得することを目指します。
53. 四方からの観察 積み木編	積み木を使用した「四方からの観察」に関する問題を練習できるように構成。
54. 図形の構成	見本の図形がどのような部分によって形づくられているかを考えます。
55. 理科②	理科的知識に関する問題を集中して練習する「常識」分野の問題集。
56. マナーとルール	道路や駅、公共の場でのマナー、安全や衛生に関する常識を学べるように構成。
57. 置き換え	さまざまな具体的・抽象的事象を記号で表す「置き換え」の問題を扱います。
58. 比較②	長さ・高さ・体積・数などを数学的な知識を使わず、論理的に推測する「比較」の問題を練習できるように構成。
59. 欠所補完	線と線のつながり、欠けた絵に当てはまるものなどを求める「欠所補完」に取り組める問題集です。
60. 言葉の音（おん）	しりとり、決まった順番の音をつなげるなど、「言葉の音」に関する問題に取り組める練習問題集です。

◆◆ニチガクのおすすめ問題集◆◆

より充実した家庭学習を目指し、ニチガクではさまざまな問題集をとりそろえております!!

サクセスウォッチャーズ（全18巻）

①～⑱
本体各￥2,200＋税

全９分野を「基礎必修編」「実力アップ編」の２巻でカバーした、合計18冊。

各巻80問と豊富な問題数に加え、他の問題集では掲載していない詳しいアドバイスが、お子さまを指導する際に役立ちます。

各ページが、すぐに使えるミシン目付き。本番を意識したドリルワークが可能です。

ジュニアウォッチャー（既刊60巻）

①～60（以下続刊）
本体各￥1,500＋税

入試出題頻度の高い９分野を、さらに60の項目にまで細分化。基礎学習に最適のシリーズ。

苦手分野におけるつまずきを、効率よく克服するための60冊です。

ポイントが絞られているため、無駄なく高い効果を得られます。

国立・私立NEWウォッチャーズ

言語／理科／図形／記憶
常識／数量／推理
本体各￥2,000＋税

シリーズ累計発行部数40万部以上を誇る大ベストセラー「ウォッチャーズシリーズ」の趣旨を引き継ぐ新シリーズ!!

実際に出題された過去問の「類題」を32問掲載。全問に「解答のポイント」付きだから家庭学習に最適です。「ミシン目」付き切り離し可能なプリント学習タイプ！

実践 ゆびさきトレーニング①・②・③

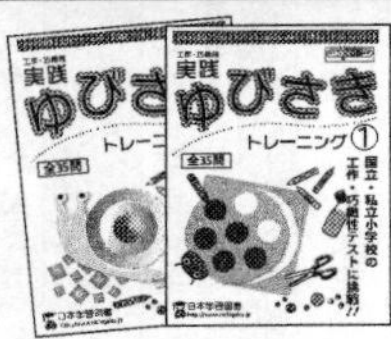

本体各￥2,500＋税

制作問題に特化した一冊。有名校が実際に出題した類似問題を35問掲載。

様々な道具の扱い（はさみ・のり・セロハンテープの使い方）から、手先・指先の訓練（ちぎる・貼る・塗る・切る・結ぶ）、また、表現することの楽しさも経験できる問題集です。

お話の記憶・読み聞かせ

［お話の記憶問題集］
中級／上級編
本体各￥2,000＋税

初級／過去類似編／ベスト30
本体各￥2,600＋税

1話5分の読み聞かせお話集①・②、入試実践編①
本体各￥1,800＋税

あらゆる学習に不可欠な、語彙力・集中力・記憶力・理解力・想像力を養うと言われているのが「お話の記憶」分野の問題。問題集は全問アドバイス付き。

分野別 苦手克服シリーズ（全６巻）

図形／数量／言語／
常識／記憶／推理
本体各￥2,000＋税

数量・図形・言語・常識・記憶の６分野。アンケートに基づいて、多くのお子さまがつまづきやすい苦手問題を、それぞれ40問掲載しました。

全問アドバイス付きですので、ご家庭において、そのつまづきを解消するためのプロセスも理解できます。

運動テスト・ノンペーパーテスト問題集

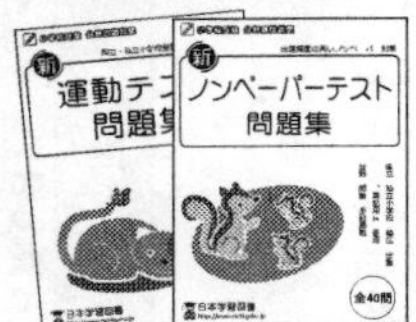

新 運動テスト問題集
本体￥2,200＋税

新 ノンペーパーテスト問題集
本体￥2,600＋税

ノンペーパーテストは国立・私立小学校で幅広く出題される、筆記用具を使用しない分野の問題を全40問掲載。

運動テスト問題集は運動分野に特化した問題集です。指示の理解や、ルールを守る訓練など、ポイントを押さえた学習に最適。全35問掲載。

口頭試問・面接テスト問題集

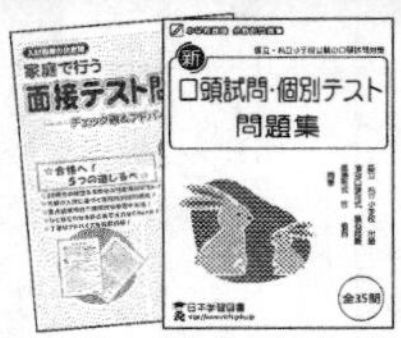

新 口頭試問・個別テスト問題集
本体￥2,500＋税

面接テスト問題集
本体￥2,000＋税

口頭試問は、主に個別テストとして口頭で出題解答を行うテスト形式。面接は、主に「考え」やふだんの「あり方」をたずねられるものです。

口頭で答える点は同じですが、内容は大きく異なります。想定する質問内容や答え方の幅を広げるために、どちらも手にとっていただきたい問題集です。

小学校受験 厳選難問集 ①・②

本体各￥2,600＋税

実際に出題された入試問題の中から、難易度の高い問題をピックアップし、アレンジした問題集。応用問題への挑戦は、基礎の理解度を測るだけでなく、お子さまの達成感・知的好奇心を触発します。

①は数量・図形・推理・言語、②は位置・常識・比較・記憶分野の難問を掲載。それぞれ40問。

国立小学校 対策問題集

国立小学校入試問題A・B・C（全3巻）本体各￥3,282＋税

新 国立小学校直前集中講座
本体￥3,000＋税

国立小学校頻出の問題を厳選。細かな指導方法やアドバイスが掲載してあり、効率的な学習が進められます。「総集編」は難易度別にA～Cの３冊。付録のレーダーチャートにより得意・不得意を認識でき、国立小学校受験対策に最適です。入試直前の対策には「新 直前集中講座」！

おうちでチャレンジ ①・②

本体各￥1,800＋税

関西最大級の模擬試験である小学校受験標準テストのペーパー問題を編集した実力養成に最適な問題集。延べ受験者数10,000人以上のデータを分析しお子さまの習熟度・到達度を一目で判別。

保護者必読の特別アドバイス収録！

Q＆Aシリーズ

『小学校受験で知っておくべき125のこと』
『小学校受験に関する 保護者の悩みQ＆A』
『新 小学校受験の入試面接Q＆A』
『新 小学校受験 願書・アンケート文例集500』
本体各￥2,600＋税

『小学校受験のための
願書の書き方から面接まで』
本体￥2,500＋税

「知りたい！」「聞きたい！」「こんな時どうすれば…？」そんな疑問や悩みにお答えする、オススメの人気シリーズです。

書籍についてのご注文・お問い合わせ
☎ 03-5261-8951

http://www.nichigaku.jp
※ご注文方法、書籍についての詳細は、Webサイトをご覧ください。

日本学習図書 検索

立教小学校　専用注文書

年　　月　　日

合格のための問題集ベスト・セレクション

＊入試頻出分野ベスト３

1st　お話の記憶
集中力　聞く力

2nd　推　理
聞く力　思考力　観察力

3rd　運　動
聞く力　協　調

内容はそれほど難しくないだけに、平均は高くミスのできない入試になっています。
問題内容や指示を集中して聞くのはもちろんですが、どのように答えるかについても注意が必要です。

分野	書　名	価格(税込)	注文	分野	書　名	価格(税込)	注文
図形	Ｊｒ.ウォッチャー 3「パズル」	1,650 円	冊		1話5分の読み聞かせお話集①②	1,980 円	各　冊
推理	Ｊｒ.ウォッチャー 6「系列」	1,650 円	冊		お話の記憶　初級編	2,860 円	冊
図形	Ｊｒ.ウォッチャー 9「合成」	1,650 円	冊		お話の記憶　中級編	2,200 円	冊
数量	Ｊｒ・ウォッチャー 14「数える」	1,650 円	冊		お話の記憶　上級編	2,200 円	冊
数量	Ｊｒ.ウォッチャー 16「積み木」	1,650 円	冊		分野別 苦手克服問題集 記憶編	2,200 円	冊
記憶	Ｊｒ・ウォッチャー 19「お話の記憶」	1,650 円	冊		分野別 苦手克服問題集 図形編	2,200 円	冊
記憶	Ｊｒ.ウォッチャー 20「見る・聴く記憶」	1,650 円	冊		新 個別テスト・口頭試問問題集	2,750 円	冊
運動	Ｊｒ・ウォッチャー 28「運動」	1,650 円	冊		新 ノンペーパーテスト問題集	2,750 円	冊
行動観察	Ｊｒ.ウォッチャー 29「行動観察」	1,650 円	冊		新 運動テスト問題集	2,320 円	冊
推理	Ｊｒ.ウォッチャー 31「推理思考」	1,650 円	冊		口頭試問最強マニュアル ペーパーレス編	2,200 円	冊
数量	Ｊｒ.ウォッチャー 42「一対多の対応」	1,650 円	冊		新 小学校受験の入試面接Ｑ＆Ａ	2,860 円	冊
図形	Ｊｒ・ウォッチャー 46「回転図形」	1,650 円	冊		新 願書・アンケート文例集 500	2,860 円	冊
推理	Ｊｒ・ウォッチャー 47「座標の移動」	1,650 円	冊		保護者のための入試面接最強マニュアル	2,200 円	冊

合計	冊	円

(フリガナ) 氏　名	電　話 ＦＡＸ E-mail
住 所　〒　　　ー	以前にご注文されたことはございますか。 有　・　無

★お近くの書店、または記載の電話・FAX・ホームページにてご注文をお受けしております。
　電話：03-5261-8951　FAX：03-5261-8953　代金は書籍合計金額＋送料がかかります。
　※なお、落丁・乱丁以外の理由による商品の返品・交換には応じかねます。
★ご記入頂いた個人に関する情報は、当社にて厳重に管理致します。なお、ご購入の商品発送の他に、当社発行の書籍案内、書籍に関する調査に使用させて頂く場合がございますので、予めご了承ください。

日本学習図書株式会社
http://www.nichigaku.jp